고통의 길에서 은혜를 만나다

데이비드 폴리슨 지음
권명지 옮김

God's Grace in Your Suffering

하나님의 은혜는 어떻게 고난 속에 임하는가

God's Grace in Your Suffering

Copyright © 2018 by David Powlison
Published by Crossway
a publishing ministry of Good News Publishers
Wheaton, Illinois 60187, U.S.A.

This edition published by arrangement
with Crossway through rMaeng2, Seoul, Republic of Korea.
All rights reserved.

This Korean edition © 2023 by Togijangi Publishing House, Seoul, Republic of Korea

이 한국어판의 저작권은 알맹2를 통하여 Crossway와 독점 계약한 도서출판 토기장이에 있습니다.
저작권법에 의하여 한국 내에서 보호받는 저작물이므로 무단 전재와 무단 복제를 금합니다.

특별한 표기가 없는 모든 성경 구절은 개역개정성경을 인용한 것입니다.

고통의 길에서 은혜를 만나다

데이비드 폴리슨 지음 | 권명지 옮김

토기장이

데이비드 폴리슨은 적당한 고난에 대한 치유책을 제시하지 않는다. 고통의 본질로 들어가, 인간의 이해를 벗어난 영역까지도 하나님이 다스리심을 선포한다. 우리의 문제는 고난의 종류나 고난의 강도가 아니다. 고난 가운데 누가 함께하시느냐의 문제다. 고난의 이유를 찾는 사람들에게 폴리슨은 고난의 해답은 언제나 하나님의 임재라고 말하면서 매 장마다 자신의 주장을 뒷받침하는 개인적 고난의 경험을 고백한다. 폴리슨은 단순한 치유자가 아니라 상처입은 치유자다. 그래서 이 책을 읽는 독자들에게 우리의 모든 아픔을 이해하시는 예수님의 그림자처럼 등장한다. 어떤 고난도 우리를 예수님을 닮도록 하는 도구로 작용할 수 있다. 예수님께서도 고난을 통하여 순종을 배우시고 온전해지셨다(히 5:8).
고상섭 그 사랑교회 담임목사, CTCKorea 이사

내 친구 데이비드 폴리슨이 고난에 대한 통찰을 제시할 때마다 나는 경청하게 된다. 데이비드는 실생활과 동떨어진 뻔한 이야기가 아닌 성경 말씀에 닻을 내리고 우리의 사고에 이를 단단히 고정시켜 고난에 대한 책을 쓰신 성경의 하나님을 받아들이는 실제적인 단계를 제공한다. 나 또한 데이비드의 지혜를 통해 사지 마비 환자로서 중요한 삶의 부분을 지날 수 있었기에 이 책을 적극 추천한다. 매일의 삶 속에서 갈보리를 향한 피로 물든 여정을 지나는 이들에게 훌륭한 지침서가 될 것이라 확신한다.
조니 에릭슨 타다 〈조니와 친구들 국제 장애인 센터〉 설립자

고난 중에 있을 때 다른 이들의 조언을 듣는 것은 때로 고통을 가중시키기도 한다. 폴리슨은 독자들에게 복음을 제시하고 말씀의 굳건한 토대를 보여 줌으로 이 모든 고통을 잠재운다. 그는 우리의 떨고 있는 손에 하나님의 말씀이라는 나침반을 쥐어 주고 진정한 북쪽, 즉 그리스도를 가리켜 준다.
글로리아 퍼먼 「*The Pastor's Wife*」 저자

이 책은 부드럽고 신선하며 철저히 성경적이다. 마치 고난의 사막에 있는 이들에게 한 잔의 냉수 같은 책이다. 함께 고난받는 동지이자 지혜로

운 상담가의 관점에서 폴리슨은 우리의 고통 중에 계신 하나님의 선함, 은혜, 위로하시는 임재를 발견할 수 있도록 부드럽게 인도한다. 이 책에서 우리는 고난 중에 하나님이 어떻게 일하시는지, 우리의 고통을 통해 어떻게 금을 연단하시는지 볼 수 있다. 나는 확실히 통찰력 가득한 이 책을 계속해서 참고할 것이기에 내가 소장한 책은 손때가 잔뜩 묻어나게 될 것이다!
바네사 렌달 라이스너 「The Scars That Have Shaped Me」 저자

데이비드 폴리슨은 '우리의 삶 속의 심오한 선함은 종종 심각한 고난의 도가니에서 비롯된다'는 것을 이해하기 때문에 고난과 하나님의 은혜의 워크숍으로 우리를 이끌기에 합당한 사람이다. 이 책은 바로 그 워크숍으로서 폴리슨은 성경과 "얼마나 견고한 토대인가"라는 찬송가, 그리고 우리의 (그리고 그의) 경험에 대해서 자세히 설명해 주고 있다. 이를 통해 우리는 고난 속에서 하나님의 선하심을 보고 하나님의 은혜를 구하게 된다.
후안 R. 산체스 하이포인트침례교회 담임목사

현실의 삶을 위한 성경적 지혜가 가득 담긴 짧은 책이 나왔다. 성경이 주는 약속과 삶의 고통스러운 현실을 연결시켜 평안을 얻는 것에 어려움을 겪고 있는 사람들 손에 이 책을 쥐어 주고 싶다.
낸시 거스리 「Hearing Jesus Speak into Your Sorrow」 저자

맞습니다! 아멘! 데이비드 폴리슨은 우리의 고통과 강하고 부드러우신 하나님을 함께 연결시킨다. 그 하나님은 우리의 고통 속에서 우리와 함께 계시며, 우리의 고통은 하나님 안에서 의미와 목적이 있다. 이 책을 통해 당신은 소망과 격려를 불어넣는 큰 그림을 찾게 되고 부엌에 붙여 놓고 음미할 만한 심오하면서도 유용한 팁을 얻게 될 것이다. 항상 그렇듯 데이비드는 모든 것을 실용적이고 개인적이며 '평범한' 것으로 만들어 놓는다. 깨어진 세상에 살고 있다면 이 책을 반드시 읽어야 한다!
엘리자베스 W. D. 그로브스 웨스트민스터 신학대학교 구약학 교수

기독교상담교육재단에서 함께 일하는 형제, 자매들에게.
여러분과 함께 일하는 것은 크나큰 영광입니다.
여러분의 믿음, 사랑, 지혜, 은사는 나에게 매우 소중합니다.
여러분은 그리스도의 몸에 풍성함을 더하고 주를 위해 자신을 드립니다.
이에 감사의 인사를 드립니다.

오 주님, 우리는 이 덧없는 삶에서
고난, 슬픔, 결핍, 질병, 그리고 다른 모든 역경 속에 있는 이들을
위로하시고 구원하시는 당신의 선함을 겸손하게 구합니다.
공도문 Book of Common Player

찬송하리로다 그는 우리 주 예수 그리스도의 하나님이시요
자비의 아버지시요 모든 위로의 하나님이시며
우리의 모든 환난 중에서 우리를 위로하사
우리로 하여금 하나님께 받는 위로로써
모든 환난 중에 있는 자들을 능히 위로하게 하시는 이시로다
고후 1:3-4

차례

추천의 글
서문

1 당신이 겪는 심각한 고난 —— 17

2 얼마나 견고한 토대인가 —— 23

3 잘 들어보라 —— 35

4 내가 너와 함께 있다 —— 55

5 나는 목적을 가지고 너와 함께한다 —— 71

6 내 사랑의 목적은 너를 변화시키는 것임이라 —— 91

7 네 인생 끝 날까지 나의 사랑을 나타내리라 —— 113

8 나는 절대 너를 버리지 않으리라 —— 127

코다(끝맺음)
주

서문

욥과 그의 아내, 그리고 세 친구들은 "사람은 생애가 짧고 걱정이 가득"하다는 것과(욥 14:1) 하나님의 손이 우리의 고난에 밀접하게 관여하고 있다는 이 두 가지 사실에 동의했다. 하지만 그들이 하나님과 고난이 어떻게 연결되는지 정확하게 설명하려고 할 때, 갈등과 혼란이 그들 사이에 자리 잡고 있었다.

그들은 욥이 겪는 고난의 원인을 규명하려 했지만 그들 중 누구도 그 뒤에 깔린 우주적 드라마의 배경을 이해하지 못했다. 그리고 그들은 하나님의 뜻에 대해 논쟁을 벌였지만 아무도 하나님이 인간의 이해를 넘어서는 선한 목적을 가지고 계시다는 것과 욥을 벌하시는 것이 아니라는 것을 이해하지 못했다. 또한 그들은 욥이 주장하는 신앙과 신실함을 놓고 언쟁을 벌였으나 어느 누구도 욥이 진실된 사람이며 하나님을 알아가는 과정 중에 있음을 알지 못했다. 그들은 고난에 대응할 때 누가 무엇을 해야 하는지 나름의 주장을 펼쳤지만 아무도 주님이 직접 나타나셔서 질문을 던지시고 그분의 목적이 성취될 것임을 예상하지 못했다. 주님은 직접 욥을 "온전하고 정직하여 하나님을 경외하며 악에서

떠난 자"라고 묘사하셨다(욥 1:8). 하지만 그 누가 이 사실을 증명하기 위해 욥이 겪어야 했던 격동의 여정을 예측할 수 있었을까?

수천 년이 지난 오늘날에도 인류의 인생은 여전히 짧고 많은 고통을 받고 있다. 우리가 겪는 고난은 여전히 우리를 혼란 속에 빠뜨린다. 왜 이런 일이 나에게 일어나는 것인가? 하나님은 어디 계시는 것인가? 도대체 무엇을 하고 계시는 것인가? 믿음은 어떤 것인가? 주님은 어떻게 나타나시는가? 왜 인생의 여정은 이리도 험난한 것인가?

또한 말씀이 육신이 되어 우리 가운데 거한다고 해서 과거에 욥이 겪은 고난과 내가 지금 겪고 있는 고난 사이에 무슨 차이가 있다는 말인가? 욥은 말했다.

> 내가 알기에는 나의 대속자가 살아 계시니
> 마침내 그가 땅 위에 서실 것이라
> 내 가죽이 벗김을 당한 뒤에도
> 내가 육체 밖에서 하나님을 보리라
> 내가 그를 보리니
> 내 눈으로 그를 보기를 낯선 사람처럼 하지 않을 것이라
> 내 마음이 초조하구나_욥 19:25-27

욥의 대속자가 마침내 오셨다. 주님은 폭풍 가운데서 대답하셨고 욥은 "이제는 눈으로 주를 뵈옵나이다"라고 말했다(욥 42:5).

하지만 우리는 훨씬 더 분명하게 볼 수 있다. 우리가 서 있는 곳에서 우리는 예수 그리스도를 보고 대속자에 대해 더 많은 것을 볼 수 있다. 어떻게 그분이 행하셨는지도 더 명확하게 볼 수 있기에 욥이 말한 것보다 더 많은 고백을 드릴 수 있다. "어두운 데에 빛이 비치라 말씀하셨던 그 하나님께서 예수 그리스도의 얼굴에 있는 하나님의 영광을 아는 빛을 우리 마음에 비추셨느니라"(고후 4:6). 우리는 볼 수 있다. 하지만 여전히 우리의 삶은 "짧고 걱정이 가득"하다.

여기에 이 책이 제시하는 요지가 있다. 당신이 궁핍, 상실, 장애, 그리고 고통에 처할 때 어떻게 우리 주님 되시는 예수 그리스도의 아버지께서 당신을 만나서 위로하시는가? 어떻게 그분의 은혜와 선하심이 당신을 찾고 만지고 일하시며 심연 가운데 당신과 동행하시는가? 아마 당신은 이에 대한 '옳은 답변'을 이미 알고 있을 수도 있다. 다음의 세 가지 포괄적인 진리들을 살펴보자.

첫째, 말씀과 경험에 비추어 봤을 때 하나님은 모든 문제를 차단하는 비행 금지 구역을 절대 만들지 않으신다. 다시 말해, 절대 당신의 삶이 안전하고 쉬우면서 평탄하고 건강하며 번영할 것이라 약속하지 않으신다. 오히려 우리는 위험, 어려움, 혼란, 질병, 그리고 상실을 확실하게 경험한다. 그리고 하나님의 사랑받는 자녀들 중에는 특별히 육체적 질병, 가난, 고립, 배신, 상실로 점철된 삶을 살아가는 이들도 있다. 우리 모두에게 죽음은 불가피하며 임박한 마지막 고통이다. 인류는 비 온 후 잠시 동안 만개했다가 바람이 스쳐 지나가면 흔적도 없이 사라지는 데스 밸리Death Valley에 있는 마리포사 릴리(미국 서부 및 멕시코산의 나리과 식물—편집자 주)와 같다. 우리는 잠깐 피어났다가 바람이 스치면 시들어 흔적도 남지 않고 사라진다. 이것이 시편 103편 15-16절에서 묘사하는 하나님의 사랑을 받는 자녀들의 모습이다. 물론 하나님으로부터 멀어진 이들도 짧고 고통받는 삶을 살아간다. 우리는 한 사람의 삶이 얼마나 고통받고 있는지를 평가하는 것으로 하나님의 호의와 냉대를 가늠할 수 없다.

둘째, 말씀과 경험에서 분명히 드러나듯 우리는 하나님에게서 받는 기쁨과 좋은 선물을 누릴 수 있다. 마리포사 릴리가 개화기에 아름답게 피어나듯 사람들은 대체로 좋은 것을 어느 정도 맛보며 산다. 가족의 보살핌, 일용할 양식, 특별한 만찬, 적당한 건강, 친구, 동료, 아름다움의 순간, 뭔가를 잘해낼 수 있는 기회, 헌신적 사랑, 아이들의 웃음소리, 잘 일궈낸 직장, 업무 후 갖는 휴식의 순수한 기쁨, 숙면 등을 누린다. 이 세상의 어떤 특정한 좋은 것을 받을 것이라 장담할 수는 없지만 주어진 모든 좋은 선물을 감사함으로 누릴 수 있다.

현세의 기쁨을 특별히 더 풍족하게 받은 사람들도 있다. 욥도 생의 처음과 나중에 특별한 좋은 선물들을 누렸다. 사탄은 하나님이 욥에게 형통한 삶을 주셨기 때문에 욥의 믿음이 강한 것이라고 비난했다. 그리고 오만한 사람 역시 하나님과 충돌하면서도 건강, 부, 다른 사람의 인정을 받으며 수월한 삶을 살 수 있다. 이에 대해 시편 73편 3-12절은 주님을 무시하는 악인임에도 불구하고 번영하는 사람들을 묘사하고 있다. 우리는 한 사람의 삶이 얼마나 수월하고 형통한지를 평가함으로 하나님의 호의와 냉대를 가늠할 수 없다.

셋째, 말씀에 명백하게 기록되어 있고 경험 깊은 곳에서 우러나듯이, 하나님은 고난을 통해 말씀하시고 행하신다. C. S. 루이스 C. S. Lewis는 말한다. "하나님은 우리의 기쁨 중에 속삭이시고, 우리의 양심에 대고 말씀하시지만 우리가 고통 중에 있을 때 큰 소리로 외치신다. 고난은 듣지 못하는 세상을 향한 그분의 확성기다."[1] 이 책의 목적은 당신의 경험을 하나님의 선함에 더 깊이 닻을 내릴 수 있게 하는 것이다. 고난은 그리스도를 향한 믿음의 진정성을 드러낸다. 예를 들어, 고난 가운데 씨름할 때 시편 말씀은 실제가 된다. 고난을 통해 진정한 믿음이 깊어지고 밝히 빛나며 지혜를 키운다. 하나님을 알아가면서 성장하는 것이다. 당신이 진실된 사람이라면 당신 또한 여전히 진행 중인 작품이 된다.

고난은 시금석이면서 촉매제 역할을 한다. 즉, 고난은 믿음을 드러내고 형성한다. 또한 가짜 믿음을 폭로하고 파괴한다. 고통은 상상 속 신들에게 거는 덧없는 희망을 들춰낸다. 이러한 환멸감은 선한 것이며 혹독한 자비라고 할 수 있다. 가짜인 것을 무너뜨리는 것은 회개와 진정한 하나님의 모습 그대로를 신뢰하는 믿음을 불러일으킨다. 고난은 세상의 유일한 구세주, 하나님의 말할 수 없는 선물, 생명을 주시는 분인 예수님을 믿지 않는다고 공언하는 사람들에게 모든 좋은 것을 잃어버리는 상실을 맛보게 한다. 고난은 불신을 원망, 절망, 중독, 극심한 환각, 심지어 더 치명적인 자기만족, 혹은 끊임없는 생각의 굴레 속으로 몰아간다. 특히 그 보물이 허영이라면 인생의 목표를 상실하는 것은 분수령적인 회개를 가져온다. 우리는 한 사람이 어떻게 고난에 대처하는지를 보고 하나님의 호의와 냉대를 가늠할 수 있다.

하나님의 손은 우리의 고난에 밀접하게 개입하신다. 매일의 삶에서 우리는 "한 날의 괴로움"과 마주한다(마 6:34). 어떤 괴로움은 오늘 살짝 스쳤다가 내일이 되면 잊히는 가볍고 순간적인 것일 수 있다. 또 어떤 어려움은 한 계절 동안 이어지기도 한다. 어떤 문제는 재발하고 약해지기를 주기적으로 반복한다. 만성적인 고통도 있다. 어떤 문제는 서서히 악화되어 점진적으로 당신의 삶에 고통과 장애를 초래한다. 어떤 고난은 꿈의 죽음, 사랑하는 이의 죽음, 그리고 자신이 죽어가는 과정과 같이 피할 수 없는 숙명으로 다가온다. 하지만 당신이 무엇을 대면하든 간에 그것은 예수 그리스도의 부활과 당신 역시 다시 살 것이라는 약속의 빛으로 변할 수 있다. 믿음은 성장할 수 있다. 당신은 구름같이 둘러싼 허다한 증인들과 함께 전심을 다해 말하는 법을 배울 수 있다. "그러므로 우리가 낙심하지 아니하노니 우리의 겉사람은 낡아지나 우리의 속사람은 날로 새로워지도다 우리가 잠시 받는 환난의 경한 것이 지극히 크고 영원한 영광의 중한 것을 우리에게 이루게 함이니"(고후 4:16-17). 이 말씀은 진리이기 때문이 우리는 진심으로 이렇게 말하는 법을 배울 수 있다.

만약 당신이 시편 말씀을 마음으로 받아들였다면, 로마서 8장 후반부를 읽고 묵상해 보았다면, 욥기를 통하여 인도하심을 받았다면, 베드로전서를 충분히 이해했다면, 그렇다면 당신은 하나님의 은혜가 어떻게 고난 속에서 일하는지 그 핵심을 이미 알고 있을 것이다. 하지만 여기에는 언제나 새로운 도전이 있다. 고난을 잘 견디는 지혜는 매일 새롭게 영양을 공급받는 만나와 같다. 저장해 놓을 수는 없지만 날마다 나가서 그날 필요한 만큼 채우는 것에 익숙해질 것이다.

하나님은 어떻게 당신의 고통과 그분의 은혜를 함께 엮어내시는가? 당신은 이론적으로 옳은 답을 알고 있을 수도 있다. 어쩌면 어려운 상황 속에서 직접 그 답을 체험했을 수도 있다. 그렇다 하더라도 다음번에 맞닥뜨리게 될 문제를 해석할 수 있을 만큼 하나님에 대해 잘, 그리고 정확하게 알지 못하고 있음을 깨닫게 될 것이다.

우리는 하나님의 심오한 대답을 간단한 답으로 대체하려 한다. 하나님은 긴 시간을 거쳐 천천히 응답하시지만 우리는 빠른 임시방편만을 추구한다. 그분의 응답은 시간을 거쳐 세세한 부분까지 직접 살아내는 것으로 나타난다. 우리는 마치 우리가 옳은 말을 함으로써 답을 얻어낼 수 있는 것처럼 행동한다. 하나님의 응답은 당신을 완전히 다른 사람으로 변화시키는 것을 포함한다. 하지만 우리는 어떤 진리, 원칙, 전략 혹은 관점이 이미 형성된 자아에 자연스럽게 통합될 것이라고 생각한다. 하나님은 놀랄 만한 유연성을 가지고 자신의 응답을 개개인의 마음속에 맞춰 나가신다. 그러나 우리는 이를 공식으로 정형화한다. "만약 네가 x를 믿기만 한다면, 만약 네가 y를 행하기만 한다면, 만약 네가 z를 기억하기만 한다면…." 그 어떤 중요한 진리도 그 핵심에 "~하기만 한다면"과 같은 조건을 걸지 않는다.

옳은 답을 구식으로 들리게 만들 수 있지만 이것 하나만큼은 보장한다. 하나님은 당신을 놀라게 하실 것이다. 당신을 멈추게 하시고, 씨름하게 하실 것이며, 갑자기 세우기도 하실 것이다. 이 과정에서 당신은 상처받을 것이다. 그럼에도 하나님은 시간을 들여 당신을 믿음과 사랑 안에서 성장하게 하실 것이다. 무엇보다 당신에게 기쁨을 더하실 것이다. 이 과정이 당신이 상상했던 것보다 어렵게 느껴지겠지만 그 결과는 언제나 더 좋을 것이다. 선함과 자비가 당신의 모든 날에 따를 것이다. 그 긴 길 끝에 드디어 집에 이를 것이다. 얼마나 많이 들었든지, 얼마나 오래 알고 있었든지, 얼마나 잘 읊을 수 있든지, 하나님의 응답은 당신이 상상할 수 있는 것보다 훨씬 더 좋은 의미를 갖게 될 것이다.

하나님은 그분 자신으로 응답하신다.[2]

1
당신이 겪는 심각한 고난

이 책을 워크숍이라고 생각하고 이야기에 자신을 대입해 보면 더 많은 것을 얻어 갈 수 있을 것이다. 성경은 우리가 삶 속에서 경험하는 모든 고난에 적용할 수 있도록 고객 맞춤형으로 기록되었다. 그러니 당신의 고민을 꺼내 놓아 보라. 우리 주님이 어떻게 개인적으로 당신을 초대하시는지 들어보라.

본질적으로 예수님은 다음과 같이 말씀하셨다. "이것을 너희에게 이르는 것은 너희로 내 안에서 평안을 누리게 하려 함이라 세상에서는 너희가 환난을 당하나 담대하라 내가 세상을 이기었노라"(요 16:33). 우리는 일반적인 것이 아닌 구체적인 것들로 살아간다. 그분은 당신이 겪는 구체적이고 특별한 고난을 솔직하게 가지고 나오라고 초청하신다.

야고보는 당신이 "여러 가지 시험"을 당할 것이라고 말한다(약 1:2). 바로 이때가 주님이 당신의 믿음을 안정적이고 깊이 있게 발전시키시는 때다. 당신은 고난 중에 있을 때에야 비로소 얼마나 자신에게 지혜가 부족한지 발견하게 된다. 그래서 지혜를 구한다. 그러면 하나님이 당신에게 필요한 것을 아낌없이 주신다.

베드로는 당신이 "여러 가지 시험으로 말미암아 잠깐 근심하게" 될 것이라고 말한다(벧전 1:6). 하지만 당신은 그리스도 안에서 영원히 소멸되지 않는 뭔가를 받았다. 하나님은 당신이 불 사이를 지나갈 때 그분의 능력으로 보호하시고 당신의 믿음을 좀 더 참되고 진실되게 할 것이라 약속하신다.

바울은 우리 주 예수 그리스도가 "모든 환난 중에서" 우리를 위로하신다고 말한다(고후 1:4). 당신의 고난은 이 약속 안에 따뜻하게 자리 잡고 있다. 하나님은 당신을 위로하시고 힘주실 것이며, 다른 이들이 겪는 고난 속에서 그들을 도울 수 있는 힘을 더하여 주실 것이다.

다윗은 자신을 위해 기도한다.

주여 나는 외롭고 괴로우니
내게 돌이키사 나에게 은혜를 베푸소서
내 마음의 근심이 많사오니
나를 고난에서 끌어내소서_시 25:16-17

그리고 나서 그는 모든 하나님의 자녀를 위해 기도한다.

하나님이여
이스라엘을 그 모든 환난에서 속량하소서_시 25:22

당신은 모든 필요와 고민, 고난, 외로움을 하나님의 은혜와 구속의 심장부로 가져오도록 초대받고 있다.

이 모든 목소리는 당신과 같은 경험을 겪은 사람들, 구체적인 부분은 달라도 똑같이 힘든 고난을 경험한 이들이 내는 소리다. 그러니 당신 자신의 이야기를 함께 논의할 수 있도록 가지고 오라.

과거에 당신이 경험한 가장 심각한 고난은 무엇인가?

_____

지금 당신이 당면한 가장 힘든 일은 무엇인가?

_____

미래에 당신이 겪게 될까 봐 두려워하고 있는 일은 무엇인가?

_____

이 질문들에 대해 구체적으로 생각해 보고 책 여백에 적어 보라. 책을 내려놓은 후에도 계속 고민해 보고 기도하라. 다음 날 친한 친구와 이에 대해 이야기를 나누면서 한 걸음씩 나아가 보라.

이 책의 제목은 다분히 의도적이다. 여기서 우리는 하나님과 고난에 대한 일반적인 사실들을 나누지 않을 것이다. 우리는 하나님의 은혜가 어떻게 직접적으로 당신의 고난에 개입하는지 나눌 것이다.

    서두르지 않아도 된다. 연필이나 펜을 준비하고 5분에서 10분 정도, 혹은 정직하게 시간이 더 필요하다면 그만큼 시간을 들여라.

상황을 이해하기 위해 애를 먹고 있는 부분은 어디인가?
_____

어떤 부분에서 도움이 필요한가?
_____

지혜가 필요한 부분은 어디인가?
_____

용기가 필요한 부분은 어디인가?
_____

자비가 필요한 부분은 어디인가?
_____

보호가 필요한 부분은 어디인가?

_____

힘이 필요한 부분은 어디인가?

_____

하나님의 은혜가 주는 선물은 당신의 필요에 딱 맞게 주어진다. 이 책의 절반은 당신 몫이다. 당신이 맡은 부분을 잘 해내면 더 나은 절반이 될 것이다.

생각의 폭을 좀 더 넓히기 위해서 말을 더 보태 보겠다. 어쩌면 재앙과도 같은 어떤 사건이 머릿속에 바로 떠오를 수 있다. 하지만 좀 더 생각하다 보면 무언가가 의식 속으로 밀고 들어올지도 모른다. 어쩌면 어떤 혹독한 순간이 사실은 오랫동안 지속된 힘들고 실망스러운 관계만큼 중요하지 않았을 수도 있다. 많은 종류의 심각한 고난이 있다. 때때로 작아 보이는 무언가가 은혜 안에서 자랄 수 있는 최적의 실험실이 되기도 한다. 당신의 구원자는 고달픈 상황이 크든 작든 상관없이 당신이 그 상황에 대해 생각해 보게 하고 그것을 개인적으로 다루신다. 그 누구도 일반적인 고난을 겪지 않는다. 우리 개개인은 고유한 방법으로 고난을 겪는다. 이제 그 특별한 고난을 솔직하게 올려드리면 된다.

이렇게 하기 위한 다른 방법도 있다. 당신에게 어떤 흔적이 남았는가? 좀 더 구체적으로 말하자면 무엇이 당신에게 선한 흔적을 남겼는가? 우리 삶에 드러난 심오한 선은 많은 경우 혹독한 시련 가운데 발현된다. 예수님 자신도 "받으신 고난으로 순종함을" 배우셨다(히 5:8). 믿음과 사랑은 어두운 곳에서 가장 밝게, 단순하게, 그리고 용감하게 빛난다.

그리고 무엇이 당신에게 악한 흔적을 남겼는가? 우리가 저지르는 전형적인 죄는 배신, 상실, 고통에 대응할 때 드러난다. 어떤 악한 것에 강타당할 때 우리는 마음속에 악이 작용하고 있음을 알 수 있다. 이럴 때 우리는 원망하고, 불안해하고, 절망하고, 압도당하며, 혼란을 겪는다.

대부분의 경우 선과 악이 모두 우리 안에 존재한다. 시험은 가장 악한 것을 끄집어내고, 하나님은 당신을 만나 일하실 때 가장 선한 것을 이끌어내신다. 그래서 시편 기자는 말한다.

> 고난당하기 전에는 내가 그릇 행하였더니
> 이제는 주의 말씀을 지키나이다_시 119:67

고난 그 자체는 선한 것이 아니지만, 하나님은 가장 좋은 것으로 일하시고 무지하고 고집스러운 이들을 집으로 불러오신다. 믿음으로 견디는 것과 주님께 민감하게 의지하는 것은 성령의 가장 좋은 열매 중 하나다. 그리고 당신은 어려운 상황을 통과할 때에만 그 열매를 맺을 수 있다.

2
얼마나 견고한 토대인가

당신은 과거에 고난을 겪었고, 현재도 고난을 겪고 있으며, 미래에도 고난을 겪게 될 것이다. 앞서 나는 당신의 경험을 되새겨 볼 것을 요청했고 앞으로 읽게 될 장에서도 나의 경험을 나눌 것이다.

우리에게는 아브라함, 야곱, 요셉과 같은 우리의 고난을 솔직하게 털어놓을 수 있는 롤모델이 있다. 우리는 처음에는 노예였다가 광야를 떠돌았던 이스라엘의 자손과 나오미, 한나를 떠올릴 수 있다. 또한 다윗과 예레미야, 그리고 예수님과 바울을 볼 수 있다. 이들은 모두 자신의 고난에 대해 허심탄회하게 이야기했고, 솔직한 경험 가운데 슬퍼하고 기도하고 말하고 가르치면서 하나님의 방식을 드러냈다.

이어지는 장에서는 간증의 네 가닥을 함께 엮어 보고자 한다. 당연히 성경 말씀, 당신의 경험, 그리고 나의 경험을 나누게 될 것이다. 그리고 여기서 네 번째 가닥은 "얼마나 견고한 토대인가"How Firm a Foundation라는 찬송가다. 이 찬송가를 선택한 이유는 우리의 형제자매들이 고통 속에서 역사하시는 하나님의 은혜를 어떻게 붙잡는지를 보여 주고 있기 때문이다. 이 찬송가를 찬찬히 읽어 보라. 마음이 동하면 따라 불러도 보라. 그리고 다시 한번 읽어 보자. 밑줄을 긋거나 처음에 받은 느낌을 적어도 좋다.

주님의 성도들이여, 그분의 놀라운 말씀 안에서
여러분의 믿음을 위하여
얼마나 견고한 토대가 쌓여 있는가!
피난처 되신 예수께 피한 당신에게
그분이 당신에게 이미 말씀하신 것 외에
더 이상 무엇을 말할 수 있겠는가?

"두려워 말라, 내가 너와 함께하니, 오 놀라지 말라
나는 너의 하나님이며 여전히 너를 도울 것이라
내가 너를 강하게 하고 도와서 견고히 서게 하리라
나의 의롭고 전능한 손으로 너를 붙들리라"

"깊은 물 가운데로 내가 너를 보낼 때
슬픔의 강이 넘쳐나지 못하리라
내가 너와 함께하고 너의 환난을 축복이 되게 하며
가장 깊은 괴로움을 깨끗이 씻어 줄 것이라"

"불같은 시험들 가운데 너의 길이 지날 때
충분한 나의 은혜가 너의 공급이 되리라
불꽃이 너를 해하지 못할 것이라
너의 찌꺼기를 태워 버리고
너의 금을 연단하기로 계획하였느니라"

"나의 모든 백성이 노년에 이르기까지
나의 통치, 영원함, 그리고 변함없는 사랑을 증거하리라
그리고 그들의 흰머리가 머리를 덮을 때
그들은 여전히 어린 양처럼 나의 품속에 안기리라"

"예수님께 기대어 쉼을 얻는 영혼
나는 절대, 나는 절대 그를 원수 속에 내버려 두지 않으리라
모든 지옥이 그 영혼을 흔들려고 애쓸지라도
나는 결코, 결코, 결코 버리지 않으리라"[1]

이번 장에서는 이 찬송가 전체에 대한 두 가지 논평을 제기하고, 당신의 고난을 대변하는 다른 찬송가도 찾아보기를 권할 것이다. 그리고 이어지는 장에서는 이 찬송가의 각 절의 의미와 적용점을 알아보고자 한다.

작자와 목소리

1. 누구의 찬송가인가? 이 찬송의 미묘한 매력은 작자미상이라는 점에 있다. 오직 하나님과 작자만이 누가 이 찬송을 썼는지 알고 있다. 다른 사람의 인정과 성취에 대한 보상에 집착하는 세상에서 이 찬송은 한 미상의 저자가 하나님께 솔직하게 드리는 제물이라고 할 수 있다. 이 저자가 겪은 심각한 고난이 무엇이었는지 우리는 알 수 없지만 삶의 고난 가운데 하나님의 손을 직접 경험한 것이 모든 절에서 우러난다. 저자는 여자였을까, 남자였을까? 어렸을까, 나이가 많았을까? 미혼이었을까, 기혼이었을까? 흑인, 황인, 아니면 백인이었을까? 부자, 가난한 자, 혹은 중산층이었을까? 침례교, 장로교, 성공회교도였을까? 그 어떤 것도 알 수 없다. 저자가 어떤 사람이었든지, 어떤 고난이 삶을 흔들었든지, 우리는 인격적으로 개입하시는 주님으로부터 온 시기적절한 가사를 듣는다. 당신의 형제자매의 입에서 흘러나온 이 가사는 당신의 심각한 고난을 향하여 선포될 것이다. 또한 이 찬송의 익명성으로 인해 당신은 이 찬송을 자신만의 은혜의 수단으로 만들 수 있다.

2. 누구의 목소리로 말씀하는가? 우리는 잘 주목하지 않지만 모든 찬송가는 하나의 관점과 화자와 청자를 나타내는 목소리를 채택한다. 예를 들어, 시편을 포함한 많은 찬송가는 **하나님께 직접적으로** 노래한다. "내 맘의 주여 소망 되소서"Be Thou my vision, O Lord of my heart![2]라는 찬송가를 부를 때 당신은 당신의 필요에 목소리를

입히고 당신의 사랑을 표현한다.

또 어떤 찬송가에서는 다른 시편과 마찬가지로 **서로에게** 하나님에 대하여 노래한다. "나 같은 죄인 살리신 주 은혜 놀라와"[3]라는 가사에서 당신은 주님이 당신을 위해 하신 일을 선포한다. "참 반가운 성도여"O come, all ye faithful[4]를 부를 때는 당신의 형제자매에게 일어나 주님을 사랑하라고 외친다.

시편 103편처럼 **당신 자신에게** 부르도록 만들어진 찬송가도 있다. "내 영혼아 잠잠하라 주님이 너의 편에 서신다"[5]라는 가사를 부를 때 당신은 절망과 불안 속에서 자신에게 소망을 선포한다. 그리고 "일어나라 내 영혼아, 일어나라. 죄책감에 젖은 두려움을 떨쳐내라"[6]를 부를 때는 죄로 인해 으스러진 자신에게 소망을 선포한다.

하나님께, 서로에게, 그리고 자신에게 부르는 이 찬송들은 우리의 신앙과 필요, 그리고 기쁨에 목소리를 덧입힌다. 하지만 "얼마나 견고한 토대인가"를 부를 때는 특이한 목소리로 부르게 된다. 1절에서만 주님에 대해 이야기하고 그분이 하신 말씀을 들으라고 서로를 향해 부른다. 그리고 나머지 절에서는 하나님이 우리에게 직접 말씀하신다. 2절부터 6절까지 모두 따옴표가 붙어 있음을 주목하여 보라. 이 가사는 주님이 하시는 말씀이다. 부르는 것은 우리지만 시편 50편 5-23절이 그렇듯 우리는 청자의 입장에 선다.

하나님이 당신에게 말씀하신다는 점을 깊이 묵상해 보라. 집중해서 듣는 것으로 이 찬송을 부를 수 있다. 주님이 무엇에 대해 말씀하시는가? 흥미롭게도 주님은 당신의 심각한 고난에 대해 직접적으로 말씀하신다. 그분이 누구신지, 어떤 분이신지, 무엇을 하고 계신지 일반적인 차원이 아닌 당신이 겪고 있는 차원에서 말씀하신다. 그분은 자신의 목적을 당신의 가슴 아린 고통에 불어넣으신다. 당신이 필요로 하는 바로 그것을 약속하신다. 찬송가는 대체로 하나님에게, 서로에게, 자신에게 믿음을 표현한다. 그런데 이 찬송가는 좀 더 근본적이다. 하나님의 음성이 믿음을 불러일으킨다. 그가 당신을 부르고 계신다.

　이것은 고난에 관해 이야기할 때 특히나 더 적절하다. 찬송가의 저자는 고통받는 자들의 투쟁과 필요를 심오한 느낌으로 그려낸다. 고통받는 자에게 가장 필요한 것은 하나님의 음성을 듣고 목적을 가지고 일하시는 하나님을 경험하는 것이다. 그분이 우리와 함께 계시다는 것을 듣고 마음에 새겨 알게 되면 실제로 변한 것이 하나도 없을지라도 모든 것이 변한다. 혼자 남겨지면 맹목적으로 반응한다. 고민하면 할수록 집착하게 되고 산만해지며 우울해진다. 지푸라기라도 잡고 싶은 심정이지만 하나님은 보이지 않고 침묵하시며 멀리 계신 것만 같이 느껴진다. 위협과 고통 그리고 상실감이 길고 큰 소리를 내지른다. 믿음은 불분명해 보인다. 슬픔과 혼란이 모든 채널에서 중계되는 느낌이다. 고통 외에 다른 어떤 것도 기억할 수 없고 정확히 어떤 일이 일어나고 있는지 표현하기도 힘들뿐더러 예수 그리스도가 누구인지 아는 것으로 얻는 힘도 느끼기 어려워진다.

정답을 중얼거릴 수는 있지만 그것은 마치 전화번호부를 읽는 것과 같다. 기도하면서도 당신이 내뱉는 말들이 기계적이고 왠지 모르게 비현실적이면서 경건한 체하는 일반적인 말들로 들릴 수 있다. 당신은 실제 사람에게는 절대 그런 식으로 말하지 않을 것이다. 하지만 당신의 내면을 휘젓는 고통은 절대 기계적이거나 비현실적이지 않다. 압박과 상처가 완전히 당신을 잠식하고 불안, 괴로움, 후회, 혼란, 원망, 공허함, 불확실성의 소용돌이에 빠져들게 한다.

이러한 씨름은 놀랄 일이 아니다. 예를 들어 출애굽기 6장 9절을 보면 "마음의 상함과 가혹한 노역으로 말미암아" 이스라엘 민족이 모세의 말을 듣지 않았음을 알 수 있다. 그들은 너무 좌절해서 모세의 말이 들리지 않았다. 한 번쯤은 우리 모두 그렇게 느낀 적이 있을 것이다. 다른 누군가가 도움이 될 것이라 생각해서 하는 말들이 아무 의미 없이 공허한 소리로 들릴 때가 있는 것이다.

하지만 하나님은 듣지 못함과 절망의 나락으로 떨어지는 소용돌이를 거꾸로 돌리기 위해 일하신다. 출애굽기의 이야기가 들려주듯, 주님은 계속해서 자신이 행하는 일을 말씀하시고 말씀하신 일을 행하신다. 이스라엘 민족이 겪은 고통과 듣지 못함과 보지 못함이 눈 깜짝할 사이에 사라지지는 않았다. 하지만 출애굽기 15장에 이르러 이스라엘은 보고 듣게 되고 마음에서 우러난 기쁨으로 노래했다.

우리 시대에는 주님의 음성과 손이 얼마나 더 우리에게 다가오는가. 성령님이 새로운 창조의 시대에 하나님의 말씀, 임재, 사랑을 우리의 마음에 전하려 강력하게 또 친밀하게 역사하신다. 고통받는 자들은 아버지의 음성을 듣고 그들의 심각한 고난 가운데 일하시는 구세주의 손을 보기 위해 깨어난다.

당신은 하나님이 하시는 말씀을 듣고 말씀을 행하시는 그분을 경험해야 한다. 그리고 그분의 존재가 갖는 무게와 중요성을 느껴야 한다. 그분은 절대 거짓말하시지도 실망시키지도 않으신다(물론 지혜롭게 우리의 거짓 희망을 좌절시키셔서 헛된 환상으로부터 우리를 자유하게 하시기는 하지만 말이다). 사망의 음침한 골짜기를 지날지라도 악한 것에 두려워할 필요가 없다. 그분이 당신과 함께하신다. 그분의 선하심과 자비하심이 당신을 따를 것이다. 이것이 바로 그분이 하시는 일이다. 하나님의 음성은 아픈 것보다 더 깊고, 어두운 것보다 밝으며, 잃어버린 것보다 더 오래 지속되고, 지금 일어난 일보다 훨씬 더 진실하다.

당신은 깨어나야 한다. 가슴에 새기고 힘을 내야 한다. 이것이 진리임을 경험해야 한다. 세상은 변화하고 당신도 변한다. 그분의 음성이 모든 고난의 의미를 바꾼다. 그분이 하시는 일과 이미 하신 일, 그리고 앞으로 하실 일은 당신에게 일어나는 모든 일이 주는 영향력과 결과를 바꿀 수 있다. 당신의 믿음은 더 이상 탁하거나 불분명하지 않고 정직하고 총명한 인성으로 성장한다. 점점 더 예수님을 닮아가게 된다. 그분은 비통함으로 인한 슬픔을 아는 분이며, 자신의 사람들을 사랑하사 끝까지 사랑하시는 하나님의 마음을 따랐던 분이다.

당신 것으로 만들기

찬송가 "얼마나 견고한 토대인가"를 통해 우리가 당면한 문제들에 하나님의 은혜를 전하는 방식을 풀어 놓으면서, 나는 당신에게 힘과 격려가 되는 다른 은혜의 원천들을 찾아보길 권하고 싶다.

예를 들자면, 어떤 찬송가와 노래가 당신의 마음을 어두운 곳에서부터 그리스도께로 올라가도록 속삭였는가? 여기서는 내가 고단할 때마다 격려가 되어 준 전통적 찬송가 두 곡을 소개하고자 한다.

1. 주님에 대해 노래하고 주님께 올려드리는 찬송. "예수! 죄인들을 위한 놀라운 친구로다!"Jesus! What a Friend for Sinners![7]라는 제목은 이 찬송가가 펼치는 이야기의 반밖에 전하고 있지 않다. 예수님은 고통받는 자들의 진정한 친구도 되시기 때문이다. 윌버 채프먼 Wilbur Chapman은 삶에서 겪는 고난에 대해 솔직히 고백한다. 그는 자신을 실망시킨 친구들에 대해 이야기한다. 또 친구 사이도 아닌 사람들이 당신에게 상처를 줄 수 있다는 이야기도 한다. 그는 마음이 상하고 슬프며 약해진 느낌이 어떤 것인지 알고 있다. 그 역시 폭풍우와 같은 시간과 어두운 밤을 경험했다. 이러한 예시들

과 은유를 사용하여 채프먼은 이 모든 것을 개인적인 것으로 받아들이기를 권면한다. 그리고 무엇보다 당신이 고난 속에 있을 때 예수님이 임재하시는 12가지 방식을 일깨운다. 그분은 도움을 요청하는 당신의 외침을 들으신다.

이 찬송가 전체에서 우리는 어떻게 주님이 우리의 고난과 연결되어 있는지에 대하여 노래한다. 하지만 수년간 성도들은 마지막 절과 후렴구를 우리가 우리의 구세주에게 직접 노래하는 형식으로 예리하게 변경했다.

> 예수님, 이제 당신을 받아들입니다
> 내가 찾을 수 있는 **당신의** 모든 것보다 더 많이
> 당신은 용서를 보장하셨습니다
> 나는 **당신에게** 속하고 **당신은** 나의 것입니다
> 할렐루야! 과연 구세주로다!
> 할렐루야! 우리의 친구 되신다!
> 구하시고, 도우시며, 지키시고, 사랑하시는
> **당신은** 끝 날까지 나와 함께하십니다

나는 개인적으로 이 찬송의 클라이맥스에서 '나'와 '당신'의 언어로 변환한 것이 매우 큰 의미가 있다고 생각한다. 찬송가, 특히 영어로 지어진 찬송가는 전형적으로 하나의 목소리로 만들어진다. 하지만 성경에 나오는 가사는 좀 더 유연한 방식의 본을 보

여 준다. 성경에 등장하는 찬송가는 교회가 이 찬송가의 가사를 바꾼 것처럼 주어가 왔다 갔다 한다. 예를 들어, 시편 23편은 주님의 존재와 역사하심에 대한 이야기로 시작하고 끝을 맺는다. 하지만 가장 어두운 골짜기에서 나는 직접적으로 말한다. "주께서(당신이) 나와 함께하심이라."

2. 자신에게 부르는 찬송. 카타리나 폰 슐레겔Katharina von Schlegel은 가장 친한 친구의 죽음을 경험하면서 비통함, 고통, 눈물, 슬픔, 두려움, 실망감을 느꼈다. "내 영혼아 잠잠하라"Be Still, My Soul라는 찬양을 썼을 때 그녀는 불안하고 상한 마음 가운데 평안을 찾기 위해 내면의 갈등과 씨름하고 있었다. 그녀는 가장 친한 친구가 그녀와 함께 있다는 사실을 다양한 측면에서 기억해냈다. 하나님이 사랑의 가장 순수한 기쁨을 회복시키시는 날에 그녀의 모든 눈물을 닦아 주실 것이다. 그리고 그리스도 역시 당신에게 동일하게 행하실 것이다.

찬송가뿐 아니라 많은 좋은 책들이 고난에 대해 말하고 있다. 낸시 거스리Nancy Guthrie와 조니 에릭슨 타다Joni Eareckson Tada가 쓴 책은 절대 당신을 실망시키지 않을 것이다. 좀 덜 알려졌지만 매우 깊은 통찰력을 보여 주는 댄 매카트니Dan MacCartney가 쓴 「고통 속에서 하나님을 만나다」[8]라는 책도 있다.

고난 역시 예수 그리스도의 복음, 죄와의 갈등, 사랑의 형식과 같은 다른 방대하고 중요한 주제들과 마찬가지로 새로운 각도에서 볼 여지가 있다. 지혜롭고 도움이 될 만한 책들은 같은 생명의 물줄기에서 비롯된 것이기에 서로를 보완한다. 두 책만 비교해 봐도 각자 다른 각도에서 여러 다른 말로 주제에 접근하는 것을 알 수 있을 것이다. 이 책이 모든 것을 다루지는 않겠지만 당신에게 도움이 될 만한 몇 가지를 제시할 수 있기를 소망한다.

3
잘 들어보라

바울은 이렇게 말했다. "하나님의 견고한 터는 섰으니 인침이 있어 일렀으되 주께서 자기 백성을 아신다"(딤후 2:19). 이 놀라운 말씀은 불변의 진리다. 주님이 당신을 아신다. 이 현실이 당신에 대한 가장 중요한 부분이다. 당신은 그분의 백성이다. 이 진리는 당신이 험한 길을 걸어가는 방식에 결정적인 차이를 가져온다. 앞 장에서 소개한 찬송가는 우리의 삶을 이 현실 위에 세우라고 권면한다.

> 주님의 성도들이여, 그분의 놀라운 말씀 안에서
> 여러분의 믿음을 위하여
> 얼마나 견고한 토대가 쌓여 있는가!
> 피난처 되신 예수님께 피한 당신에게
> 그분이 당신에게 이미 말씀하신 것 외에
> 더 이상 무엇을 말할 수 있겠는가?

이 첫 소절이 던지는 확언과 수사적 질문에 관하여 세 가지를 생각해 보자.

더 이상 무엇을 말할 수 있겠는가?
첫째, 질문은 이것이다. "당신에게 이미 말씀하신 것 외에 더 이상 무엇을 말할 수 있겠는가?" 일단 이 질문이 경종을 울리도록 잠시 둬보자. 나는 당신이 어떤 방식으로 성경을 읽는지 모른다. 하지만 성경을 읽을 때 하나님이 더 많은 것을 말씀해 주셨으면 좋겠다고 생각하며 읽는 방식이 있다. 사탄은 어떻게 악하게 되었을까? 왜 역대기에서는 사무엘서와 열왕기서에 나오는 숫자에 0을 더 붙였을까? 어떻게 요나는 질식사하지 않았을까? 히브리서의 저자는 누구일까? 심지어 이러한 질문들은 교회를 분열시키고 혼란에 빠트리는 질문들 축에 속하지도 않는다. 주님이 그리스도가 재림하실 날짜를 확실히 알 수 있도록 회심의 한방이 될 구절 하나쯤 넣어 주셨으면 더 좋지 않았을까? 세례와 마지막 만찬의 의미와 방식에 대한 모든 질문을 한방에 해결할 수 있는, 교회 리더십과 체제를 어떻게 조직해야 하는지 구체적으로 알려 주는, 예배에 정확히 어떤 음악을 사용해야 하는지, 어떻게 하나님의 주권적 목적이 인간의 책임감과 딱 들어맞는지 설명해 주는, 그리고 어떻게 성령님이 그분의 역동적 능력을 의도적으로, 혹은 비의도적으로 사용하시는지 알려 주는 구절 하나 정도 끼워 넣어 주셨으면 좋지 않았을까?

오랫동안 논란의 소재가 되었던 위의 열 가지 질문들에 대한 구절이 하나만 더 있었다면, 혹은 까다로운 질문들에 대해서 한 문단이나 한 장만 더 말씀하셨다면 얼마나 좋았을지 생각해 보라! 만약 주님이 족보를 짧게 기록하시고 땅을 분배할 때 몇 마을만 언급을 빼시고 성전의 규모나 식기류, 인테리어, 의무들에 대해 설명을 압축하셨다면 어땠을까? 그랬다면 성경의 길이는 동일하거나 더 짧아졌겠지만 교회의 근간을 흔드는 질문들에 대해서는 예측 가능하고 명백하게 답할 수 있었을 것이다. 그러나 무슨 이유에서인지 하나님은 그분의 섭리에 따라 그렇게 하지 않으셨다.

결국 문제는 당신이 말씀을 읽고 들으면서 무엇을 찾고 있는지에 귀결된다. 생사의 문제와 같이 가장 중요한 이슈에 맞닥뜨리면 그분이 당신에게 이미 말씀하신 것 외에 더 이상 무엇을 말할 수 있겠는가? 당신은 누구에게 당신의 삶을 맡기고 있는가? 당신에게 무슨 일이 일어날 것인가? 믿었던 친구에게 배신을 당했는가? 회복 불가능한 악성 암이 발견되었는가? 흉측한 장애를 안고 있는가? 집요하게 물고 늘어지는 죄에 사로잡혀 있는가? 이러한 질문들의 답이 성경에 있다. 하나님의 말씀은 실존주의적 질문들, 즉 죽음의 의미와 그 앞에서 느끼는 절망, 목적과 무의미함, 선과 악, 사랑과 증오, 신뢰와 두려움, 진리와 거짓에 대한 모든 질문을 다룬다. 자비가 죄의 매듭을 풀어낼 수 있는가? 공의가 억압을 해소할 수 있는가? 하나님의 특성은 어떠한가? 인간 마음의 역동성은? 고난의 의미는 무엇인가? 주님이 이미 말씀하신 것 외에 더 이상 무엇을 말할 수 있겠는가? 잘 들어보라. 주님은 더 말씀하실 필요가 없다.

주님의 성도들이여

둘째, 1절에서 당신을 부르는 이름에 대해 생각해 보자. 당신을 주님의 "성도"라고 부르고 있다. 한마디로 말해서 하나님이 "너는 나의 것이다. 너는 나에게 속해 있다"라고 말씀하신다는 것이다. 그분은 자신의 백성을 아신다. 일반적으로 "성도"라는 단어는 특별하면서 뛰어난 개인적인 영성을 묘사하는 것으로 축소되어 사용되었다. 하지만 성경에서 하나님이 성도를 정의하실 때 그 단어는 가장 놀라우신 구세주이신 주님께 속한 평범한 사람들을 가리킨다. 우리의 구속자는 모든 기이한 일을 성취하신다. 우리가 최상의 상황일 때에도, 혹은 최악의 상황에 처해 있거나 중간쯤에서 왔다 갔다 할 때에도 우리는 "우리가 하여야 할 일"을 한 것뿐이다(눅 17:10). 하나님이 당신을 "성도"라고 부르시는 것은 당신이 누구의 소유인지를 알게 하려 하심이지, 당신이 소명의 부르심을 뛰어넘은 것에 대해 치켜세우시려는 것이 아니다. 그것은 명예훈장이라기보다, 오히려 징집 명령서이자 인식표라고 하는 편이 적절하다. 하나님이 당신에게 그분의 이름을 붙이실 때 고난은 질적으로 변한다. 고통, 상실감, 약함은 더 이상 세상의 끝이 아닐뿐더러 희망을 죽이지도 못한다.

하나님이 당신을 "하나님이 택하사 거룩하고 사랑받는 자"(골 3:12)라고 부르시기 때문에 당신은 그분의 집에 영원히 거하게 될 것이다. 이것은 당신이 하나님을 향하여 더 어린아이처럼 성장하고 다른 사람들에게 더 도움이 되는 방향으로 당신 삶의 에너지를 쏟을 수 있게 해준다. 당신의 소망은 당신이 상상할 수 있는 것 이상의 방식으로 이루어질 것이다.

만약 당신이 그분의 성도가 아니라면 어제, 오늘, 내일의 상실감과 실망감이 당신이 가치 있게 여기고 갈구하며 열심을 내는 모든 것의 끝을 나타내는 징조가 될 것이다. 당신이 추구하는 모든 것은 당신이 죽을 때 함께 죽는다(잠 10:28). 당신의 두려움이 실제로 이루어지는 것이다. 이것은 단순히 멀리서 다가오는 심판의 날을 이야기하는 것이 아니다. 따로 증명할 필요 없이 자명한 죽음의 논리를 말하는 것이다. 그리스도의 생명과 사랑 안으로 들어오라. 그러면 모든 고난과 상실이 진정한 소망으로 깨어나고 힘을 얻게 하는 맥락으로 자리매김한다. 당신은 소멸되지 않는 유산을 받았다. 당신의 소망은 실현될 것이다. 이것은 예수님이 살아계신다는 현실의 단순 명료하고 자명한 논리다. 그리스도인의 믿음은 어둠 속에서 무모하게 뛰어내리는 것을 의미하지 않는다. 오히려 믿지 않을 때 어둠 속으로 뛰어내리며 예수님이 살아계시지 않는다는 것에 인생을 걸게 된다. 그리스도인이 되는 것은 온종일 점점 더 밝게 빛나는 새벽빛과 같은 길을 걷는 것이다.

피난처 되신

셋째, 1절은 당신에 대해 매우 중요한 무언가를 제시한다. 바로 당신이 주님을 피난처로 삼았다는 것이다. 다시 말해 당신은 "피난민"이다. 살기 위해 도망쳤고 예수님 안에서 모든 종류의 도움과 보호를 얻었다.

2005년 9월, 루이지애나, 미시시피, 앨라배마 주에 살고 있던 수백, 수천 명의 사람이 허리케인 카트리나로 인해 수해를 입었다. 많은 이들이 아무것도 없이 대피했고 모든 것을 잃었다. 이들은 매우 취약한 상태에 있었다. 식량, 거처, 의료 도움, 옷, 돈, 경찰의 보호, 그리고 새로운 삶이 절실했다. 하지만 한 공무원이 이들을 "피난민"이라 칭했을 때 큰 소동이 일어났다. 이 단어가 그들을 비하하는 말로 들렸기 때문이다. 이 말은 왠지 보스니아나 수단에서 인종학살을 피해 도망 나온 피난민들의 참혹한 수용소를 떠오르게 했다.

그러나 우리는 기꺼운 피난민이다. 이 단어가 누군가에게는 비하하는 말로 들리겠지만 그리스도 안에서 이 말은 영광과 소망의 확증이 된다. 우리는 진정한 고국을 찾아 헤매는 피난민, 이민자, 노숙자, 난민, 지친 여행자, 이방인, 그리고 방랑자다. 성경은 많은 경우 우리가 전형적으로 연결 짓는 것들을 완전히 뒤바꿔 놓는다. 힘없음과 수치를 나타내는 노예, 궁핍, 십자가형, 약함, 피난민 같은 단어들을 기쁨의 상징으로 뒤집어 놓는다. 재앙을 피해 나온 사람들에게 안전은 없다. 그들은 취약하고 외부에서 오는 자비에 절대적으로 의존한다. 하지만 당신은 당신의 필요와 상상한 것 이상의 것들을 유일하고 진정한 피난처이신 주님 안에서 찾을 수 있다.

그렇다면 피난민의 반대말은 무엇인가? 어디를 가나 이런 메시지를 들을 수 있다. "당신 자신을 믿으라. 자신감을 가지고 자급자족하며 자기주장을 밀어붙여라. 독립적이 되고 자기 확신을 가져라. 그럴 만한 권리가 있으니 담대하게 당신의 주장을 펼치고 생각과 감정을 무엇이든 표현하라. 당신은 원하는 대로 행하고 그렇게 될 자유가 있다." 이것은 우리의 문화가 가진 꿈이자 망상이다. 한 마디 한 마디가 잠언에서 '어리석은 자'라 부르는 사람을 묘사하는 말과 정확히 일치한다. 어리석은 자로 사는 것은 재앙이다.

이와 반대로 피난처를 찾는 것은 살기 위함이다. 피난민, 이민자로서의 삶은 종종 유쾌하지 않다. "마음을 다하여 여호와를 신뢰"하면 기분이 좋은가?(잠 3:5) 의존하는 것이 안전하고 따뜻하며 보호받고 편안한 것을 의미하는가? 물론 가끔은 그렇다. 시편 131편이 그려내듯 젖 뗀 아이는 어머니 품에서 고요하고 평온하게 안식한다. 그러나 여기서도 내면의 싸움을 싸우고 난 후에야 찾아오는 평안에 대해 말하고 있다. 대부분의 시편을 살펴보면 믿음은 불확실하고 위험한 상황에서 다른 누군가를 신뢰하는 것을 의미한다.

도움을 필요로 한다는 것은 우리를 불안하게 한다. 나중에 기쁘고 평안하게 끝나더라도 다른 누군가를 의존하는 과정은 썩 기분 좋은 일만은 아니다. 당신은 스스로를 도울 수 없기 때문에 당신의 염려를 당신을 돌보시는 하나님께 맡겨야 한다(벧전 5:7). 당신의 염려가 당신보다 더 크다. 당신은 압박을 받으며 취약하다. 당신도 그 사실을 알고 있다. 당신은 스스로 통제하거나 고칠 수 없는 문제들을 지고 산다. 인생은 고달프다. 짓눌리고 근심걱정으로 찌들어 있고 위협받는다는 느낌이 든다. 이럴 때는 당신의 재산을 뽐내는 것이 아니라 당신의 염려를 가지고 피난민처럼 주님께 나와야 한다. 그러면 당신의 아버지가 당신을 돌보신다. 그분은 능력의 주이시며 선하시다. 드디어 안전해졌다! 그리고 결국에 당신은 평안한 쉼을 얻게 될 것이다.

시편 28편은 짧은 간격을 두고 전체적인 순환을 담아낸다. 다윗은 기본적으로 "도와주소서. 당신이 나의 간구를 듣지 않으시면 나를 죽습니다"라고 부르짖는다. 이는 절대 편안한 감정이 아니다. 다윗은 위협과 공격 앞에 속수무책이다. 아무런 힘도 없고 의지할 곳도 없다. 하지만 주님은 들으신다. 결과는 환희와 감사로 끝난다.

> 여호와를 찬송함이여
> 내 간구하는 소리를 들으심이로다
> 여호와는 나의 힘과 나의 방패이시니
> 내 마음이 그를 의지하여 도움을 얻었도다

그러므로 내 마음이 크게 기뻐하며
내 노래로 그를 찬송하리로다_시 28:6-7

갈급한 목소리는 기쁨의 목소리가 된다. "당신은 선하십니다!" 그리고 도움을 요청하는 외침은 감사의 외침이 된다. "감사합니다!" 도움에 갈급한 상황은 결코 유쾌하지 않지만 도움을 얻는 것은 형언할 수 없는 기쁨을 가져다준다.

예수님은 "심령이 가난한 자는 복이 있나니"라고 말씀하실 때(마 5:3) 또 하나의 경멸적인 단어를 뒤집어 놓으셨다. "가난한"이라는 형용사는 피난민과 거지들에게 붙는 수식어였다. '심령이 가난하다'라는 말은 자신이 궁핍한 자임을 온전히 인지하고 있다는 것을 의미한다. 즉, 하나님이 채워 주셔야만 하는 절박하고 긴급한 필요가 있다는 것에 대해 인식하고 있다는 말이다. 그러면 하나님은 생명의 왕국에 계신 그분의 임재로 당신을 축복하시며 값없이, 그리고 후하게 주신다. 해결할 수 없는 고난은 (해결할 수 없는 죄와 같이) 모든 축복의 문으로 들어가게 한다. 하나님은 고통받는 자들의 고난을 모른 척하지 않으신다. 그러니 어린 양 떼여, 두려워하지 말라. 그분이 왕국을 주신다.

다수의 제자 훈련 교재들은 이것에 대해 가르치지 않는다. 우리는 큐티하는 법을 배우고 영적 은사를 발견하며 좋은 교리를 연구한다. 그리고 성경 공부를 하며 말씀을 외운다. 이 모든 것은 선하다. 하지만 도움을 필요로 하는 법에 대해서는 굳이 배우지 않는다. 하나님은 특별한 고난을 사용하셔서 그분을 간절히 구하도록 가르치신다. 그리고 우리가 그분을 간절히 구할 때 우리는 그분을 발견하게 된다.

나의 이야기

이 책은 이론이 아닌 실제 경험을 바탕으로 하고 있으므로 책의 요소요소에서 내 이야기를 살짝 곁들여 소개하고자 한다.

수년 전 두 그룹 간의 의견 차이를 해결하기 위해 필라델피아에서 미드웨스트로 날아간 적이 있다. 여섯 사람이 테이블에 둘러 앉아 둘의 관계를 분열시킨 이슈들에 대해 토론했다. 토론의 결과는 당사자 모두에게 만족스러웠다. 하지만 솔직하고 건설적인 논의가 이루어지는 가운데 매우 특이하고 충격적인 현상이 나에게 나타났다. 적어도 대여섯 번 정도 내가 무슨 말을 하려고 하거나 혹은 반쯤 이야기하던 중에 생각의 끈이 완전히 끊어져 버린 것이었다. 계속해서 내가 말하려던 요점이 흐지부지되어 버렸다. 내가 도대체 무슨 말을 하고 있는지 알 수가 없었고 이로 인해 나는 큰 불안감에 휩싸였다.

밤늦게 집에 돌아와서 침대에 누워 그날 일어난 현상에 대해 곰곰이 생각해 보았다. 매우 괴로운 일이었다. 내가 하는 일은 가르치고, 상담하고, 글을 쓰는 것이었다. 즉 나의 생각을 완성하는 것이 내가 하는 일이라고 해도 과언은 아니다. 따라서 내가 하려던 말을 기억하지 못한다면 내가 해야 할 일을 해낼 수가 없게 되는 것이다. 마치 부상으로 경력 단절이 된 투수처럼 나는 내 삶을 바꿔 놓을 법한 상실감과 마주했다.

고요하고 어두운 밤중에 나는 이 문제를 놓고 하나님께 기도했다. 내가 드린 기도는 단순했다. "주님, 당신은 고난 가운데 임재하는 도움이라고 말씀하셨습니다. 제게 고난이 찾아왔습니다. 도와주세요." 그러고 나서 그날 있었던 일을 다시 재구성하는 중에 내가 하려고 했던 말을 종합해 낼 수 있어서 살짝 안도감이 들었다. 하지만 두 가지 다른 생각이 훨씬 더 많은 도움이 되었다.

처음 떠오른 생각은 25년 전 우리 교회 목사님께서 하신 말씀이었다. 목사님은 교회 소그룹 리더들과 신학교 학생들을 데리고 활발하게 제자 훈련을 진행하시면서 은사를 정체성으로, 사역을 우상으로 변질시키는 것에 대한 위험성을 깨우쳐 주셨고 이에 대해 매우 개인적으로 접근하셨다. 또 우리에게 하나의 생각 실험을 해보라고 도전하셨다. "만약 당신이 교통사고를 당해 영구적인 뇌 부상을 입게 되었다고 가정해 봅시다. 이제까지 사랑해 마지않던 일들을 더 이상 할 수 없게 되었습니다. 그렇다면 맥도날드에서 일하거나 재고 관리를 하고, 쓰레기통을 비우고, 바닥을 닦고, 화장실 청소를 하는 것에 만족할 수 있겠습니까?"

이 질문의 답은 "네, 기꺼이 그런 일들을 감당하겠습니다"였다. 분명 우리가 입은 부상과 상실감에 슬플 것이다. 하지만 결국 가장 중요한 것은 우리가 어떤 일이든 영예로운 것으로 감당할 수 있어야 한다는 것이다. 식당을 깨끗하게 유지하는 것은 영예로운 일이며, 경비일 또한 고객과 동료 직원, 고용인들에게 선한 영향력을 끼칠 수 있다.

목사님의 요점은 당신의 은사가 애초부터 쓸모 있는 목적을 위해 하나님께 빌린 것이라는 점이었다. 원래 사역은 하찮은 일로 의도되었다. 사역자는 종이며 누군가의 조수이자 도와주는 사람이다. 당신은 심부름을 하고 있다. 당신은 다른 사람의 삶이 더 나아질 수 있도록 당신의 삶을 내려놓아야 한다. 불만족과 불평은 마치 하찮은 일이 "내 밑에" 있는 것처럼 여기는 교만을 드러낸다.

수년간 나는 나의 태도를 체크하기 위해 이 생각 실험을 해왔다. 그리고 그날 밤, 침묵과 어둠 속에 누워 있을 때 그것은 전혀 이론적인 것이 아니었다. 내가 맡은 일을 해내지 못하는 일이 반복적으로 일어났다. 나에게 일시적으로 주어졌던 은사가 더 이상 내 것이 아니어도 괜찮은가? 그래도 여전히 근원적으로 만족할 수 있는가?

두 번째 생각은 고린도후서 12장에서 비롯되었다. 이 말씀은 생각 실험과 같은 선상에 놓여 있다. 바울은 어떻게 주님이 그에게 육체의 가시를 주셔서 너무 자만하지 않게 하셨는지 기록하고 있다. 이 고통을 가져가 달라고 간구했지만 하나님은 "내 은혜가 네게 족하도다 이는 내 능력이 약한 데서 온전하여짐이라"라고 말씀하셨다(고후 12:9). 복음의 핵심 원리는 그리스도의 은혜와 능력이 우리의 필요에 의해 입증된다는 것이다. 바울은 이 점을 잘 알고 있었다. 그는 모든 고통과 한계 속에서도 만족감을 누렸다. 기독교 신앙의 핵심 원리를 잘 살아내고 있었던 것이다. "내가 약한 그 때에 강함이라"(고후 12:10).

그날 밤, 나는 이러한 생각들과 씨름했다. '이 말이 진실인가? 내가 불안한 하루를 보내고 이런 위협에 맞닥뜨린 이 순간에도 그리스도는 진리이신가?' 이러한 생각들을 마음속으로 살펴보며 기도했다. 그리고 주님의 은혜와 능력으로 나는 평화로운 결론을 내렸다. 주님이 "내 은혜가 네게 족하도다"라고 말씀하셨다면 그 말은 진실이다. 내게 일어난 현상이 마음에 들지 않았지만 결론적으로 "괜찮아. 나는 내 능력을 위해 살고 있는 것이 아니야. 장애가 생긴다 해도 아주 깊이 들여다보면 나는 괜찮아"라고 말할 수 있었다.

나의 마음은 잠잠해졌다. 긴장을 풀고 잠이 들려 할 때 한 가지 생각이 떠올랐다. 심오한 개인적, 영적 이슈를 받아들이고 나니 내가 실질적으로 무엇을 해야 하는지 생각할 수 있는 정신적 여유가 생긴 것이다. 마침 내가 며칠 전부터 새로운 콜레스테롤 약을 먹기 시작했다는 것이 떠올랐다. 의사는 약의 부작용에 대해 언급하지 않았지만 다음 날 아침에 의사나 약사에게 전화를 해 물어봐야겠다고 생각했다. 간단한 일이다. "내일 전화를 걸어 물어보자." 하지만 내가 직면하고 있는 생각은 얼마나 큰가! "지난 25년간 내가 사랑하고 우리 가족들을 부양했던 일을 할 수 있는 능력을 잃어버릴지도 몰라." 대부분의 삶이 그렇듯, 우리의 염려는 우리의 능력보다 크다. 그리고 나는 잠들었다.

다음 날 아침, 나는 의사에게 메시지를 남기고 약사에게 직접 전화를 걸었다. 나에게 나타난 증상들을 설명하자 약사가 물었다. "혹시 이런 증상인가요? 차를 타고 1킬로 정도 떨어져 있는 편의점에 가려고 나섰는데 세 블록쯤 가서 어디를 가고 있는지 완전히 잊어버리고 길까지 잃은 느낌인가요?" 나는 말했다. "맞아요. 완전히 길을 잃는 느낌이었어요." 약사는 "정신적으로 혼란해지는 것이 이 약의 부작용이에요. 더 이상 약을 복용하지 마세요"라고 말했다. 그래서 약복용을 멈췄고 그 후로는 이런 문제가 일어나지 않았다.

하나님을 찬양하라! 그날은 중요한 날이었다. 그때 정신적으로 장애를 입지 않은 것과 이 특별한 고난이 완치될 수 있었음에 매우 감사한 마음뿐이다. 하지만 좀 더 심오한 차원에서 그리스도께서 나를 만나 주시고 필요한 때에 진리로 입증해 주신 것에 더 감사하다. 문제가 이론이 아닌 현실로 다가올 때 생각 실험이 진리로 입증되는 것은 매우 중요하다. 나는 말을 문장으로 엮어 다른 사람들을 돕는 사역을 사랑한다. 하지만 언젠가 나는 내가 사랑하는 일들을 하지 못하게 될 날들을 맞이하게 될 것이다. 그러므로 생각을 완성하는 능력으로 나 자신을 정의하지 않는 것은 매우 중요하다. 나는 약하지만 그리스도는 강하시다. 나는 그분의 보호 아래로 도망하는 피난민이다. 나는 그분의 것이다.

당신 것으로 만들기

전지하신 하나님이 당신의 고난 속에서 일하실 때, 그분은 전형적으로 다섯 가지 질문을 가지고 역동적인 상호작용을 만들어내신다.

1. 어떤 고난을 겪고 있는가?
2. 하나님이 생명을 불어넣는 어떤 말씀을 주시는가?
3. 주변의 지혜로운 친구들이 어떤 조언을 해주는가?
4. 어떻게 정직하게 하나님을 신뢰하는 길로 힘써 나아갈 수 있는가?
5. 이다음 당신이 취해야 할 행동은 무엇인가?

내가 나눈 이야기를 통해 어떻게 하나님이 각각의 요소에서 일하셨는지 보았을 것이다. 당신의 이야기도 차근차근 풀어나가 보라.

1. 어떤 고난을 겪고 있는가? 첫째 질문은 어려운 일이 늘 우리를 짓누르고 있기 때문에 대답하기 쉽다. 어떤 어려움에 직면하고 있는가? 당신이 만일 참담하고 다차원적인 고난을 선택했다면 엄청나게 큰 문제의 작은 부분에서부터 시작해야 할지 모른다. 하나님은 언제나 우리가 한 걸음씩 나아갈 수 있을 만큼만 우리를 다루신다. 절대 한 번에 높은 빌딩에서 뛰어내리게 하지 않으신다.

2. 하나님이 생명을 불어넣는 어떤 말씀을 주시는가? 둘째 질문에 대해서는 다양한 답변들이 나올 수 있다. 이미 당신이 처한 상황에서 하나님이 당신에게 말씀하시는 진리의 말씀이 떠올랐는가? 내가 정신 혼란을 경험했을 때 고린도후서 12장이 주님의 능력과 나의 약함을 연결시켜 주었다. 그리고 그 말씀이 내가 겪고 있는 상황을 대변해 주었다. 과거에 어떤 말씀이 당신에게 도움이 되었는가? 아니면 주님이 누구신지에 대해 새로운 정보가 필요한가? 성경 말씀 중 고난이 배경이 되는 부분들을 읽어 보라. 시편, 욥기, 고린도후서, 베드로전서 등이 바로 여기에 해당된다. 하지만 성경의 많은 부분이 우리의 고난을 직접적으로 어루만져 준다. 하나님이 당신을 어떤 눈으로 보시는지에 대해 떠오르게 하는 노래가 있는가? 어려움과 씨름하는 가운데 그분에 대해 언급하는 시편이 떠오르지 않는가? 하나님이 고난 중에 어떻게 일하시는지 가르쳐 주는 설교나 책은 어떠한가? 아니면 앞으로 주님이 하실 일에 대한 약속은?

3. 주변의 지혜로운 친구들이 어떤 조언을 해주는가? 셋째 질문은 중요하지만 대답하기가 좀 까다롭다. 당신에게는 다른 사람들이 필요하다. 하지만 종종 이 사실을 잊어버리고 힘든 시기를 혼자 뛰어넘으려 한다. 당신과 동행해 줄 사람은 누구인가? 스스로에게 물어보라. "내가 가장 신뢰하는 사람은 누구인가? 내 고난을 솔직히 나눌 때 누가 가장 세심하게 이 문제를 다루어 줄 것인

가? 누가 나를 끄집어내어 주고 잘 들어줄 것인가? 누가 신뢰를 지키고 깊이 있게 기도하며 하나님이 주시는 지혜로 솔직하게 이야기해 줄 것인가? 내가 아는 사람 중 가장 합리적이면서 솔직하고 겸손하면서도 믿음이 있고 경험이 많으며 용기 있는 사람은 누구인가?" 당신의 친구들 중 완벽한 사람은 없다! 하지만 하나님은 불완전하지만 지혜롭고 따뜻하며 믿을 만한 사람들을 우리의 삶 속에 두셨다. 우리도 다른 이들에게 이런 사람이 되길 소원한다. 당신의 짐을 함께 짊어질 수 있는 사람, 하나님께 당신의 염려를 맡기며 당신을 격려해 줄 사람은 누구인가?

3번 질문을 복잡하게 만드는 것은 다른 사람들이 어리석어도 아주 어리석을 수 있기 때문이다. 이들은 마치 욥의 친구들처럼 당신에게 악을 행할 수 있다. 아주 적절하지 않은 조언을 줄 수도 있다. 하나님에 대해, 그리고 그분이 힘든 상황에서 어떻게 일하시는지에 대해 사실과 거리가 먼 어리석은 약속을 남발하는 사람들도 있다. 사사건건 간섭하고 그저 당신을 고치려고만 든다. 어떤 사람들은 믿음직스럽지 않고 뒷담화를 즐긴다. 그러니 아무에게나 동행해 달라고 할 수 없는 노릇이다.

내가 나눈 짧은 이야기에서 언급한 목사님은 몇 년 전에 돌아가셨지만 여전히 내게 중요한 인물이었다. 그날 밤 아내는 잠들어 있었지만 목사님이 내 믿음을 이끌어 주신 방식은 여전히 나에게 큰 영향을 미쳤다.

4. 어떻게 정직하게 하나님을 신뢰하는 길로 힘써 나아갈 수 있는가? 넷째 질문은 진리를 당신의 것으로 만들기 위해 수고하는 것을 말한다. 잊어버리기 쉬운 진리를 기억하고 마음에 새기도록 힘쓰라. 그리고 정직하게 주님을 찾으라. 그분께 돌아서면 본능적이고 습관적인 죄로부터 돌이키게 될 것이다. 불안? 분노? 회피? 주님은 자비하시다. 그분은 "교만한 자를 물리치시고 겸손한 자에게 은혜를 주신다"(약 4:6). 주님께 당신의 고난이나 죄, 자비를 갈구하는 소원, 어려움에 대해 진실되게 고하는 것을 두려워하지 말라. 수많은 시편 기자가 이 길을 걸었다. 하나님 아버지께 성령을 달라고 구하라. 모든 지혜, 믿음, 평안, 용기, 사랑, 인내, 그리고 소망이 그분의 인격적인 어루만지심의 열매다.

정직하게 씨름하는 것은 마술이 아니다. 단순히 "승리를 차지하라"는 차원의 문제도 아니다. 그 과정을 줄이기 위해 종교적 진리를 찾아다니는 것을 의미하지도 않는다. 상처와 자기 연민에 빠져 뒹구는 것은 더더욱 아니다. 하나님이 우리를 그분의 방향으로 이끌어 가신다. 구하고, 찾고, 두드려라. 그분이 당신을 먼저 찾으셨고 기꺼이 우리에게 발견되기를 기다리신다.

5. 이다음 당신이 취해야 할 행동은 무엇인가? 마지막 질문은 실질적인 것들을 생각해 보게 한다. "이제 어쩌지?" 심각한 고난에서 문제는 언제나 지금 당장 할 수 있는 것보다 커 보이지만 그렇다고 의미 있는 한 걸음을 떼는 것이 불가능하지는 않다. 그날 나

에게 일어났던 괴로운 사건을 고칠 수는 없었지만 전화 몇 통 거는 일은 할 수 있었다. 카타리나 본 슐러겔은 사랑하는 친구들을 되살릴 수는 없었지만 자신이 겪은 영혼의 싸움을 "내 영혼아 잠잠하라"라는 찬송시에 담을 수 있었다. 당신이 떼야 할 작지만 중요한 다음 걸음은 무엇인가? 어쩌면 기도하고 일어나 친구에게 전화를 걸거나, 빨래를 하거나, 관리비를 내거나, 출근을 하거나, 휴가를 내 공원을 산책하는 것처럼 간단한 일일 수 있다.

4
내가 너와 함께 있다

"얼마나 견고한 토대인가"라는 찬송가의 2절부터 6절까지는 따옴표로 묶여 있다. (각 절의 부호를 다시 붙이지는 않겠다.) 당신이 직접 읽고 가사를 불러 보라. 하지만 당신의 하나님이 직접 당신에게 말씀하고 계시다.

> 두려워 말라, 내가 너와 함께하니, 오 놀라지 말라
> 나는 너의 하나님이며 여전히 너를 도울 것이라
> 내가 너를 강하게 하고 도와서 견고히 서게 하리라
> 나의 의롭고 전능한 손으로 너를 붙들리라

이 찬송을 통해 그분이 하시는 두 가지 말씀에 초점을 맞춰서 논한 후, 한 가지 매우 중요한 적용점에 대해 나눠 보도록 하겠다.

피하기 위한 반응

이 절에서 우리의 내면이 경험하는 고난을 어떻게 묘사하고 있는지 보라. 당신은 심각한 고난에 어떻게 반응하는가? 대부분 '두려움'과 '놀람' 이 두 가지로 정리되지 않는가? 더 솔직히 말하자면 흔들리고 압도당하고 초조하고 혼란스럽고 속이 뒤집어지고 위태위태하게 느낄 것이다. 당신은 항상 힘겨운 싸움을 하고 있다. 힘겨운 싸움이란 내면에서 일어나는 씨름에 비할 수 있다. 당신은 끊임없이 뭔가와 싸우고 있다. 지금 당신에게 일어나고 있는 일에 압박이나 칼날을 느끼지 못한다면 당신은 인간이 아니라 돌멩이임이 틀림없다. 하나님의 형상으로 지어진 인간이라도 상황에 휘둘린다.

어느 정도까지의 두려움과 놀람은 자연스러운 반응이다. 하지만 괴로움과 불안이 무신론의 수준에 이르면 문제가 발생한다. 믿음의 솔직한 애통이 어느 순간 하나님 없는 짜증으로 변모한다. 이러한 문제들은 당신의 생각, 대화, 감정, 미래, 믿음을 잡아먹는다. 뜬 눈으로 지새운 밤을 잠식하고, 잠에 들더라도 아침에 일어나자마자 눈앞에 다시 펼쳐진다. 놀람은 유혹의 모든 범위, 즉 불안에서 이성을 잃는 것으로, 실망에서 절망으로, 걱정에서 공황으로, 짜증에서 분노로 가는 경향을 포괄적으로 포함하는 표현이라고 할 수 있다.

또한 삶의 고통을 마주할 때 느끼는 놀람을 잠재우기 위해 정직하지 못한 방식으로 반응하기도 한다. 어떤 이들은 고난과 어느 정도 거리를 두기 위해 머리를 굴려서 놀란 현실을 의도적으로 차단한다. 하지만 성경은 절대 금욕적으로 살라고 명하지 않는다. 또 다른 이들은 냉소적이고 감정을 잘 드러내지 않으며 잔인하고 요지부동이다. 이런 사람들은 애초에 "당신의 고난"이라는 제목의 책을 집어 들지 않을 것이다! 하지만 성경은 냉소적인 태도를 명하지 않는다. 어떤 사람은 삶에서 뒷걸음질 치며 상처받는 것이 너무나 두려워 극심한 자기 보호의 껍데기 안으로 파고 들어간다. 고통을 피하고자 하는 마음은 자연스러운 현상이지만 성경은 스스로 고립시키는 전략을 명하지 않는다. 또 어떤 이들은 고통을 피하기 위해 유흥과 오락, 음식, 술, 그리고 마약을 거짓 피난처로 삼는다. 하지만 성경은 고통을 다루기 위해 중독에 빠지는 것을 명하지 않는다.

성경은 예수님과 시편 기자들이 그랬듯 정직하게 자신의 약점과 고통을 마주할 것을 명한다. 이는 진실성의 문제이자 다른 고통받는 이들을 사랑하기 위함이다. 정직함은 두려움과 놀람에서 생기는 무게를 느끼게 한다. 두렵고 놀라게 하는 일이 우리에게 생기기 때문이다. 고난은 우리가 불안해할 합당한 이유가 되기 때문에 하나님은 그분을 신뢰해야 하는 더 합당한 이유를 제시하신다. 문제는 우리가 골칫거리들로 인해 괴로워하고 아픔으로 인해 고통받는 것에 있지 않다. 상처가 될 만한 일을 겪으면 아픈 것이 당연하다. 문제는 우리가 고난에 집착하고 강박적으로 이를 피하려고 할 때 하나님을 무관한 존재로 제쳐두게 된다는 것이다. 하나님은 지금 당장 우리를 짓누르고 있는 것들에 비해 좀 더 가볍고 거리가 먼 막연한 곳에 거한다는 것이다. 혹은 우리는 눈에 들기만 하면 마법처럼 모든 일을 해결해 주는 거짓 신을 만들고 있을 수도 있다. 고통이 불안, 불행, 괴로움을 야기하는 것은 자연스러운 현상이지만 이로 인해 우리 마음이 일탈로 이어지기 때문에 종종 불신과 우상 숭배라는 좋지 않은 반응을 촉발시킨다. 우리가 이 찬송가의 2절이 우리에게 말하는 바를 기억하지 않는 한 말이다.

안아 주시겠다 하신 약속

하나님이 또 어떤 말씀을 하시는지 주목해 보라. 물론 불안해할 충분한 이유가 있겠지만 하나님은 인간이 할 수 있는 최상의 반응을 보일 수 있는 더 나은 이유를 제시하신다. 이러한 이유로 인해 예수님이 심각한 고난을 겪을 때 가지셨던 의식, 동기, 감정, 말씀, 그리고 행위의 패턴이 형성되었다.

    2절 가사를 보면 하나님은 우리의 두려움과 놀람을 위해 일곱 가지 약속을 주신다. 이 찬송가의 저자가 단순히 지어낸 내용이 아니다. 2절은 이사야 41장 10절 말씀과 매우 밀접하게 전개된다. 이 찬송가는 하나님이 하신 말씀을 정확하게 인용하면서 노래로 부를 수 있는 라임과 리듬에 맞게 가사를 살짝 확장시킨다. 주님이 하신 정확한 말씀은 이탤릭체로 표시하고 확장된 부분은 괄호 안에 넣어 보았다.

두려워하지 말라 내가 너와 함께함이라
놀라지 말라 나는 네 하나님이 됨이라
[여전히 너를 도울 것이라]
내가 너를 굳세게 하리라 참으로 너를 도와주리라
[견고히 서게 하리라]
참으로 나의 의로운 [그리고 전능한] 오른손으로 너를 붙들리라

믿음의 선구자이자 완성자이신 예수님은 이 목소리를 듣고 마음에 새기셨다. 그리고 그분은 이제 당신에게 동일한 말씀을 주신다.

듣고 있는가?

어쩌면 듣기 위해 충분히 속도를 낮추는 일은 쉬운 일이 아닐지도 모른다. 단순히 듣고 싶지 않은 것일 수도 있다. 그리고 내 자신의 목소리를 포함에 다른 수천 가지의 목소리를 듣느라 바쁠 수도 있다. 아니면 너무 지치고 낙담해서 들을 힘이 없는 것일 수도 있다. 하지만 여러 가지 이유를 막론하고 우리가 가진 본질적인 문제는 우리가 하나님의 음성에 귀를 닫고 있다는 점이다. 우리는 우리 자신의 경험, 생각, 감정, 의견의 세계에 매몰된다.

라틴어 구절 '*incurvatus in se*(자기 안으로 굽어 있음)'는 안으로 굽는 죄악의 본질적 특징을 잘 포착하고 있다. 우리는 우리 자신 안으로 굽어 있다. 죄가 가진 안으로 굽는 특성은 분명히 하나님으로부터 멀어지게 만든다. 당신이나 다른 사람이 고난을 받을 때, 이렇게 자기 안으로 굽는 성향의 힘을 경험하거나 목격하게 될 것이다. 스스로 매몰되지 않는 것은 어려운 일이다.

그러나 하나님은 끊임없이 말씀하신다. 이 찬송가에서 하나님의 소리가 얼마나 가깝게 들리는지 들어보라. 생명을 주시는 분이 들을 귀를 우리에게 주신다. 안으로 굽는 성향을 반대로 뒤집을 수 있다. 성경 그 자체가 본을 보여 준다. 시편은 안으로 굽지 않고 바깥으로 외친다. 예수님이야말로 가장 훌륭한 본이 되어 주신다. 예수님의 고통이 극에 달했을 때 거기에는 '*incurvatus in se*'가 설 자리가 없었다. 예수님은 하나님의 음성을 들으셨고 기억하셨다. 그분은 필요, 너그러움, 그리고 믿음을 가지고 하나님께 향했다. "나의 하나님, 나의 하나님, 어찌하여 나를 버리셨나이까", "저들을 사하여 주옵소서 자기들이 하는 것을 알지 못함이니이다", "아버지 내 영혼을 아버지 손에 부탁하나이다"(마 27:46; 눅 23:34, 46). 예수님은 실질적인 사랑으로 백성들을 바라보셨다. "오늘 네가 나와 함께 낙원에 있으리라", "여자여 보소서 아들이니이다 … 보라 네 어머니라"(눅 23:43; 요 19:26-27). 또한 그분은 자신이 겪고 있는 시련의 경험을 있는 그대로 표현하셨다. "내가 목마르다 … 다 이루었다"(요 19:28, 30).

이분이 바로 우리가 피난처 삼은 예수님이시다. 그분의 말씀을 가장 집중해서 꼼꼼하게 들은 이들이 우리보다 앞서 걸어갔다. 이제 예수님은 우리가 잘 잊어버리고 산만해질 수 있음을 온전히 이해하시며 우리의 무지와 제멋대로인 행실을 부드럽게 다루어 나가실 것이다. 그리고 가장 큰 문제를 먼저 다루실 것이다. 이것이 이 찬송가가 일인칭 시점으로 쓰인 이유다. 새 생명의 말씀은 먼저 듣는 귀를 만든다.

하나님이 말씀하신다. 그분의 양은 죽음의 골짜기에 있을지라도 그 음성을 듣는다. 당신도 듣고 있는가?

저자는 2절의 시작점을 매우 잘 선택했다. "내가 너와 함께하니." 이는 성경 전체의 핵심 언약이자 고난을 겪고 있는 자들과 목회적으로 이야기를 나눌 때 전해야 하는 중심 약속이다. 어떻게 다윗은 위험에 처하고 죽음의 위협을 마주했을 때 "해를 두려워하지" 않을 것이라고 고백할 수 있었는가? "주께서 나와 함께하심"을 알았기 때문이다(시 23:4). 당신은 혼자가 아니다. 무슨 일이 벌어지든 당신은 버림받지도 무시당하지도 않는다. 이것이 성경 전체의 핵심 약속이자 죄인과 고난당한 자들의 유일한 소망이 된 것은 결코 우연이 아니다. 모세가 유일하게 진심으로 원했던 것이 이 약속이었고, 이 약속 없이 들어가는 소위 약속의 땅은 평범한 땅에 불과했다. 이 약속으로 인해 다윗의 삶은 번창했다. 그리고 임마누엘로 정점에 이르렀다. 하나님이 우리와 동행하시기 위해 인간으로 오셨을 때 그분이 주신 모든 약속은 "예"와 "아멘"이 되었다(고후 1:19-20).

"내가 너와 함께함이라"는 말씀은 다른 이들과 함께 구현하는 현실이기도 하다. 그리스도 안에 있는 형제자매의 존재가 하나님을 대체하지는 않지만 다른 신자와 가까이하는 것은 하나님의 은혜의 매우 중요한 수단이 된다. 그리스도의 은혜가 우리 안에서, 또 서로 안에서 구현된다. 다른 사람들은 고난 중에 있는 우리에게 하나님이 주시는 위로의 한 부분이다.

'문제'가 문제다

"내가 너와 함께함이라"라는 모든 것에 적용 가능한 이 약속이 갖는 목회자적 의미 한 가지를 소개하려 한다.

고난은 보통 이중적 고통을 수반한다. 첫째로 일단 '문제' 자체가 있다. 여기서 문제라 함은 질병이나 가난, 배신, 사별 등을 의미할 수 있다. 이 자체만으로도 버겁다. 하지만 여기에서 종종 두 번째 문제가 더해진다. 사람들은 좋은 의도였음에도 고난을 겪는 사람들에게 적절하게 반응하지 못하는 경우가 많다. 고난을 겪는 사람들은 자주 오해받고 간섭당하거나 무시받는다. 이러한 반응은 원 문제에 관계적, 그리고 심리적 고립을 가중시킨다.

예를 들어, 욥은 자식을 모두 잃고 전 재산을 날렸으며 무자비한 육체적 고통을 겪었다. 그 와중에 그는 아내와 친구들의 멸시를 감내해야 했다. 그들은 욥의 고통을 악화시켰다. 그들이 오해하고 구박하면 할수록 욥은 완전히 소외되었다. 욥의 삶이 가장 밑바닥을 쳤을 때 그는 철저히 혼자였다.

이와 비슷하게 예수님은 대적들에게 배신, 조롱, 고문을 당하셨다. 가장 진실한 친구라고 여긴 이들은 누가 가장 높은지 언쟁을 벌였고 후에는 잠에 들어 무슨 상황이 일어나고 있는지 이해하지 못했다. 그뿐 아니라 그들은 혼란과 공황에 빠진 채 도망하고 부인했다. 인생의 가장 고통스러운 순간에 예수님은 이를 온전히 혼자 감당하셔야 했다.

이중적 고통은 누구나 흔히 겪는 경험이다. 한 젊은 여성이 몹시 사랑했던 아버지를 잃었다. 처음에는 그녀의 친구들이 힘이 되어 주었지만 그녀의 슬픔이 끝나기도 전에 그들은 지쳐 떨어져 나갔다. 그녀와의 우정을 놓아 버린 것이다. 그런가 하면 심각한 장애를 갖고 있는 아이를 키우는 부모는 많은 종류의 고난을 평생 겪어야 한다. 그들은 다른 이들이 자신들을 대하는 부정적인 태도와 마주해야 한다. 친구와 가족이 거리를 두거나, 뭐라 해야 할지 몰라 어색해하거나, 부적절한 도움을 제안하기도 한다. 혹은 귀찮아하기도 하고 현실을 전혀 이해하지 못한 채 수만 가지의 조언과 해결책을 제시하기도 한다. 장애라는 고난은 소외감으로 인해 더 악화된다.

이런 일이 다르게 나타나는 경우도 있다. 당신을 사랑하는 사람들은 종종 당신이 겪고 있는 고난, 즉 '문제'에만 초점을 맞춘다. 그들은 문제에 대해 묻고 하나님께 그 문제를 해결해 달라고 기도한다. 그러면서 문제를 해결할 수 있는 조언들을 건넨다. 이들이 당신을 아끼고 도와주려는 좋은 의도로 행동한다는 것은 확실하지만 그 결과는 다소 부정적일 수 있다. 그들은 문제를 겪고 있는 당신을 놓치고 있다.

심각한 고난에는 모든 눈물이 마를 때까지 치유책이 없는 경우가 많다. 당신이 가지고 있는 질병이나 장애는 치료가 불가능하다. 불의함은 당신이 생을 마감할 때까지 개선되지 않는다. 사랑하는 사람이 죽고, 결혼 생활은 파탄이 나며, 돈은 사라진다. 간간히 부분적인 도움과 구원을 얻을 수는 있지만 완전히 해결되지 않는다.

문제가 해결될 수 있든지 없든지 영적 도전을 마주하고 있는 사람은 당신이다. 당신은 어떻게 버티고 있는가? 무엇을 배우고 있는가? 어디서 실패했는가? 격려가 필요한 부분은 어디인가? 지금 겪고 있는 고통, 한계, 약함, 그리고 상실의 테두리 안에서 지혜롭게 잘 사는 법을 배울 수 있겠는가? 고난이 당신을 정의하는가? 믿음과 사랑이 자라는가, 아니면 시들어 버리는가? 이런 질문은 생사가 걸린 이슈이며 마지막 분석 단계에서 '문제'보다 더 중요하다. 이를 묻고 생각하고 듣고 반응해야 하기에 시간이 걸린다. 사람들은 종종 가장 중요한 것에 대해 서투르고 잘 이해하지 못한 채 해결할 수 없는 문제를 해결하기 위해 에너지와 사랑을 쏟아붓는다.

이러한 이중 고난은 진단을 내릴 수 없고 치료 불가능한 건강상의 문제를 겪을 때 일반적으로 나타난다. 예수님은 "열두 해를 혈루증으로 앓아 … 많은 의사에게 많은 괴로움을 받았고 가진 것도 다 허비하였으되 아무 효험이 없고 도리어 더 중하여졌던" 한 여인을 만나셨다(막 5:25-26). 이 여인의 이야기는 확실히 현대에도 동일하게 일어난다. 혈루증은 실재하는 의학적 문제다. 그녀의 병을 낫게 하려고 하면 할수록 고통은 가중되었다. 2천 년이 지난 오늘날에도 이러한 현상은 없어지지 않았다. 오진, 이로 인한 잘못된 치료, 부작용, 상반된 조언, 시간 및 돈 낭비, 반복적으로 좌절되는 거짓 희망, 계속되는 실체가 없는 두려움, 납득되지 않는 해석, 희생자를 향한 비난, 그리고 도움을 자처했던 이들의 마음에 동정심이 점차 사라지는 일들이 일어난다. 그 여인은 아팠고 다른 이들은 이를 악화시켰다.

제임스 패커J. I. Packer는 "온전한 진리로 가장한 반쪽짜리 진리는 완전한 거짓 진리다"라고 언급한 바 있다.[1] 우리는 패커의 논리를 좀 더 확장할 수 있다. 온전한 친절함으로 가장한 반쪽자리 친절함은 거짓 친절함이라고 할 수 있다. '문제'를 해석하고 해결하고자 하는 갈망은 확실히 친절함이다. 하지만 이로 인해 정작 파악해야 하는 사람을 놓치게 된다.

그러므로 고난 때문에 버림받았든, 다른 이들이 '문제'에 몰두하여 뒤로 밀려났든 간에 이 찬송가의 첫 소절은 놀라운 목회적 직관을 드러낸다. 하나님은 먼저 우리의 고난에 수반되는 두려움, 놀람, 소외감을 향해 말씀하신다. 그리고 그분은 이러한 고난을 향해 "내가 너와 함께함이라"라는 기념비적인 약속으로, 즉 그분 자신으로 응답하신다.

나의 이야기

내가 나누고자 하는 두 번째 이야기는 의학적 상황에서 발생했다. 나는 지난 몇 년간 여러 차례 게실염(식도, 위, 대장 같은 장기 벽에 생긴 주머니 모양의 게실에 염증이 생기는 것—편집자 주) 진단을 받았다. 직설적인 내 주치의는 "이러다가 돌아가실 수도 있어요. 당장 수술을 해야 합니다"라고 말했고 나는 그 말대로 수술을 받았다.

마취에서 깨어나 수술 후 일반적으로 겪는 혼미함, 고통, 갈증과 함께 지나치게 시간이 천천히 흘러가는 현상을 경험했다. 여기까지는 어느 정도 예상한 것이었다. 하지만 이것보다 훨씬 더 불안한 증상이 나타났다. 모든 것이 멀리서 일어나는 것처럼 아득하게 느껴졌다. 마치 비인격화된 느낌이었다. 삶이 비현실적으로 느껴지고 감정적으로 단절되면서 내부적 방향 감각을 잃어버린 것 같았다. 자아 분열을 경험한 것이다. '내'가 '내 자신'으로부터 분리되었고, 경험하고 선택하며 사고하는 인간으로서의 감각과 단절되었다. 마치 우리가 정상적으로 연결되어 있는 모든 현실에서 떨어져 나온 느낌이었다. 부디 당신은 이런 일을 겪지 않기를 바란다. 생각을 완성시키지 못하는 것은 한 인간으로서 가지는 존재적 감각과 단절되는 느낌에 비하면 가벼운 걱정거리일 것이다.

이런 상황을 겪고 있는 사람에게 다른 사람들은 흔히 어떻게 반응하는가? 이런 현상은 마치 부작용으로 나타날 수 있는 생리학적 기질이기 때문에 가장 쉬운 반응은 "걱정하지 마. 몸이 정상적인 기능을 회복하면 없어질 거야"일 것이다. 간호사도 나에게 이렇게 말해 주었다. 그 간호사는 나를 고장 난 몸으로 본 것이다. 실제 몸은 그렇다 치더라도 내면에 일어나는 경험은 극도로 고통스러운 일이다.

나는 신뢰하는 한 친구에게 전화를 걸어 이 현상에 대해 설명했다. 지금까지도 왜 그가 내 말을 듣고 그렇게 행동했는지 정확히 설명할 수 없다. 그는 심리적 정보를 늘어놓거나 "걱정하지 마"라고 말하지 않았다. 질문을 하거나 상담을 해주려고도 하지 않았다. 심지어 기도를 해준 것도 아니다. 대신 그는 순례자의 노래로 불리는 시편 120편부터 134편까지를 하나씩 멈추거나 해석하지 않고 연달아 읽어 주었다. 그는 매우 불쾌한 경험에 빠져 있는 인간으로서 나를 아꼈다. 나중에 그는 그 당시 내가 시편을 좋아한다는 사실만을 생각했다고 말했다. 그는 시편이 명료하고 정직하며 이성적이고 주님으로 가득하기 때문에 이를 읽어 주는 것이 좋을 것 같다고 여긴 것이다. 그리고 그는 옳았다.

시편 낭독을 다 마치자 나는 내 자신과 다시 연결되었다. 그리고 그는 나를 위해 기도했고 나는 하나님께 온 마음을 다해 감사 기도를 드렸다. 시편은 하나님과 인간을 연합하게 한다.

왜, 그리고 어떻게 내가 변했는가? 나조차도 내 자신을 찾을 수 없을 때 하나님이 나를 찾으셨기에 나는 변했다. 그리고 믿음의 말씀이 이성과 현실의 말씀이기 때문에 변했다. 또한 내 친구가 전에는 듣도 보도 못한 행동을 해주어서 변할 수 있었다. 그리고 마취의 잔인한 부작용과 대수술로 인해 내가 도움이 필요한 존재가 되면서 변했다. 마지막으로 시편 곳곳에 계시는 주님을 믿고 알고 필요로 하고 신뢰하여 그분의 음성을 들었기 때문에 나는 변했다.

당신 것으로 만들기

오래 전, 수차례에 걸쳐 많은 방식으로 하나님은 우리의 조상들에게 말씀하셨다. "두려워하지 말라." 우리가 다루고 있는 찬송가는 이사야 41장 10절에서 주님이 자신의 백성들의 고난에 응답하시는 논리를 포착하고 있다.

> 응답: "두려워하지 말라"
> 이유: "내가 너와 함께함이라"
> 응답: "놀라지 말라"
> 이유: "나는 네 하나님이 됨이라"

같은 메시지의 조금 더 초기 버전인 신명기 31장 8절을 살펴보자.

> 이유: "여호와 그가 네 앞에서 가시며 너와 함께하사 너를 떠나지 아니하시며 버리지 아니하시리니"
> 응답: "두려워하지 말라 놀라지 말라"

다음은 이 메시지의 후기 버전인 빌립보서 4장 5-6절 말씀이다.

이유: "주께서 가까우시니라"

응답: "아무것도 염려하지 말라"

이와 같은 이유와 응답의 역동성을 마음에 새기겠는가? 만약 그렇다면 당신의 삶은 더 이상 예전으로 돌아갈 수 없을 것이다. 이것을 마음에 새기기 위해 애쓰면 주님은 당신이 경험하는 스트레스, 불안, 압박, 위협에 반응하는 각본을 다시 쓰실 것이다.

이번 장을 워크숍으로 여기고 당신의 삶을 흔들고 괴롭게 하는 가장 심각한 고난이나 다른 고난을 생각한 후 다음 문장을 완성해 보라.

_____ 임이 진리이기 때문에,

나는 _____ 이 두렵지 않다.

나는 _____ 에 놀라지 않는다.

왜냐하면 _____ .

이렇게 진심으로 말할 수 있겠는가? 무엇에 가로막혀 있는가? 하나님과 함께 이런 문제를 놓고 씨름하며 당신의 마음에 무엇이 진리인지 새겨 달라고 기도하라.

기도는 당신이 필요한 것을 구하는 것을 의미한다. 기도는 도움을 요청하는 것이다. 나는 시편 102편 1-2절을 다음과 같이 바꾸어 표현하여 우리가 씨름할 수 있는 강렬함과 정직함을 끌어내 보고자 한다.

주님, 내가 구하는 것을 들으소서.
도움을 요청하는 나의 외침이 당신에게 닿게 하소서.
내가 매우 큰 괴로움에 빠져 있을 때
나에게서 얼굴을 숨기지 마소서!
가까이 다가오셔서 진정으로 내게 귀 기울이소서.
내가 부르짖을 때 속히 응답하소서!

당신은 이런 식으로 하나님께 말씀드릴 수 있다. 당신을 구원하실 그분의 은혜가 지금 당장 필요하다. 주님은 당신이 사는 날 동안 이를 진심으로 말하고 살아낼 수 있는 이유들을 선사하신다.

5
나는 목적을 가지고 너와 함께한다

"얼마나 견고한 토대인가"의 3절은 고난 중에 하나님이 어떻게 우리를 만나시는가에 대한 가장 심오한 미스터리를 탐색한다.

> 깊은 물 가운데로 내가 너를 보낼 때
> 슬픔의 강이 넘쳐나지 못하리라
> 내가 너와 함께하고 너의 환난을 축복이 되게 하며
> 가장 깊은 괴로움을 깨끗이 씻어 줄 것이라

이사야 43장(특히 43:2) 말씀이 3절을 관통하여 흐르고 있다. 여기에서 우리의 문제는 깊은 물과 넘쳐흐르는 강으로 표현되어 있다. 이사야는 하나님의 백성이 홍해를 앞에 두고 적군에게 쫓기는 상황과 홍수 때 요단강을 마주했을 상황을 시사하고 있다. 이런 어려움 속에서는 그 어느 누구도 길을 낼 수 없다.

하나님은 다시 한 번 그분의 핵심 약속을 미래형으로 선언하신다. "내가 너와 함께할 것이라." 이 약속은 그 자체로 중요한데, 왜냐하면 우리의 심각한 고난의 결과가 일반적으로 쉽게 가늠할 수 없는 미래로 확장되기 때문이다. 우리는 현재 주어지는 도움보다 훨씬 더 큰 뭔가가 필요하다. 파괴적인 세력 속에서 하나님이 당신과 함께하실 것이라는 약속은 정확하게 무엇을 의미하는가? 그리고 하나님이 당신의 고난과 괴로움 속에서 당신을 "축복"하고 "깨끗이 씻어" 주실 것이라는 말은 어떤 의미인가?

이 약속을 주시면서 하나님은 어려운 시기에 당신 옆에 서 있는 친구가 주는 단순한 위로와 따뜻한 감정을 주겠다고 말씀하지 않으신다. 하나님이 당신 옆에 서 계시는 것은 맞지만 훨씬 더 능동적으로 강력한 역할을 담당하신다.

자기 백성을 돌보시는 통치자 하나님

3절은 네 가지 엄청난 진리를 선포하는데 이는 하나님이 (이사야 43장의 본래 문맥인) 이스라엘 역사의 '큰 화면'에서 역사하시는 것을 '작은 화면'에서 인격화하시는 네 가지 방법을 나타낸다.

- 하나님이 직접 당신을 깊은 물 가운데로 부르신다.
- 하나님이 당신의 슬픔의 한계선을 정하신다.
- 하나님은 당신과 함께 계시고 적극적으로 당신의 고난으로부터 선한 것을 이끌어내신다.

- 고통스러운 사건의 맥락에서 하나님은 당신을 변화시키신다.

이것은 하나님의 높으면서도 목적이 있는 통치하심을 보여주는 엄청난 일이다. 크신 하나님이 가까이 오셔서 부드럽게 말씀하시고 인격적으로 일하시며 변화를 이끌어내시고 그분이 시작하신 일을 끝내신다.

다른 말로 하면, 당신이 겪고 있는 심각한 고난이 우연히 일어난 일이 아니라는 것이다. 무작위로 일어나는 일은 없으며 목적 없는 괴로움도 없을 뿐 아니라 악운도 없다. 심지어 비극도 없다(이것은 올바로 이해해야 한다). 비극이라고 하면 파멸, 몰락, 구원받을 길 없는 불행한 결말을 의미한다. 당신의 인생 여정에는 수많은 고난과 가슴 쓰린 일이 동반될 수 있다. 하지만 결국 예수 그리스도 안에서 당신의 인생은 원래 의도되었던 대로 해피 엔딩으로 끝나는 희극이 될 것이다. 단테의 「신곡」에서 가장 행복한 엔딩을 맞는 이야기 속 주인공이 되는 것이다. 다시는 사망, 애통, 눈물, 고통이 있지 않고(계 21:4) 생명, 기쁨 그리고 사랑이 마지막 대미를 장식할 것이다. 하나님의 높으신 통치는 목적을 가지고 있다.

"하나님의 통치"를 운명론적이고 결정론적인 것으로 치부하면 이와 같은 사실을 놓치게 된다. 하지만 우리의 고난 중에 나타나는 하나님의 능동적인 섭리는 이슬람교에서 말하는 숙명*kismet*과는 다르다. 또한 케세라세라(될대로 되라)식의 마인드나 삶의 고난을 현실주의적이면서 철학적인 면으로 체념하며 받아들이는 것과도 다르다. 하나님의 통치 목적은 당신의 고난을 단순히 받아들이라는 것이 아니다. 또한 하나님은 이 힘난한 여정을 돌파하기 위해 인지적인 측면으로 이해시키려 하지도 않으신다. 하나님은 당신이 그분을 알고 신뢰하고 사랑하도록 역사하신다.

3절은 가장 높으신 하나님의 친절한 목적에 대해 말한다. 그렇다고 당신의 고난을 가볍게 여기는 것이 아니다. 이 가사는 객관적이고 냉철한 시선으로 쓰여 있지 않다. 모든 소절이 깊은 고난의 고통을 조심스럽게 다루고 있다. 하나님은 "깊은 물", "슬픔의 강", "환난", "가장 깊은 괴로움"에 대해 무미건조하게 말씀하지 않으시고 가슴에 사무치게 말씀하신다. 사실 원래 가사에는 (18세기에 thee나 thous로 쓰인) 두 번째 소절이 훨씬 더 생생하게 표현되어 있다. "비통의 강물이 너를 덮치지 않으리." 비통이란 말은 괴로움의 가장 극심한 상태이며 고통의 최극단에 있는 슬픔을 가리킨다.

비통의 강물이 너를 덮치지 않으리.

이런 강은 많은 선한 것들을 휩쓸어 버린다. 당신의 가장 깊은 괴로움은 심히 괴로운 일임이 분명하다. 하지만 당신을 사랑하시는 하나님은 당신이 겪는 심각한 슬픔의 주인이시다. 그분은 이 어려운 길을 통과하라고 당신을 부르신다. 비통함을 넘는 것이 불가능해 보이고 세상 소망이 산산조각 나도 하나님은 우리의 경계가 아닌 그분의 경계를 세우신다. 하나님은 이 어려운 일을 통해 당신이 구하고, 상상하고, 보고, 듣고, 마음에 생각할 수 있는 모든 것 이상의 선한 것에 이르게 될 것이라 설득하신다(엡 3:20; 고전 2:9). 당신은 악과 원수들로 가득 찬 죽음의 어두운 골짜기를 지나게 될 것이다. 그러나 마침내 선한 목자의 집에 돌아왔을 때 당신은 내 평생에 선하심과 인자하심이 따랐다고 고백할 수 있을 것이다(시 23편).

하나님은 하나님이시다. 그분의 통치는 높고 목적을 가지고 있으면서 세밀한 부분에까지 가 닿는다. 하지만 우리는 고난을 겪는 자들에게 실제적인 도움을 주고자 할 때, 대상이 우리 자신이 됐든 다른 사람이 됐든 하나님의 통치를 악용하는 경우가 많다. 가장 흔하게 악용하는 경우는 이런 것이다. "하나님이 통제하시기 때문에 지금 일어나는 일은 하나님의 뜻이야. 너는 그저 주님을 신뢰하고 받아들이기만 하면 돼. 너의 감정은 무시하고 진리만 기억해. 단단히 각오해. 너의 태도를 바꿔야 해." 어떻게 이런 금욕주의적 결론이 가장 금욕주의적이지 않은 하나님에 대한 가장 금욕주의적이지 않은 진리에서 비롯되었단 말인가! 성경에서 하나님은 자신의 자녀들의 안위를 위해 강력하게 헌신하신다. 이러한 안위에는 시편 기자가 그랬듯 정직해지는 법을 배우는 것도 포함된다.

통치자의 보호하심을 믿는 영혼

목회적으로 적용할 때 매우 빈번하게 금욕주의적인 역효과를 유발하는 대표적 본문은 베드로전서 4장 19절 말씀이다. "하나님의 뜻대로 고난을 받는 자들은 또한 선을 행하는 가운데에 그 영혼을 미쁘신 창조주께 의탁할지어다." 이 말씀을 읽으면 성경이 상처받은 마음에 부채질을 하는 것 같다는 생각이 드는가? 베드로는 조용하게 객관성을 유지하면서 순종적인 자기 수양에 힘써야 한다는 말의 거룩한 버전을 가르치고 있는 것인가? "네가 고난받고 있는 것은 사실 중요하지 않아. 하나님이 모든 것을 통치하고 계시니 그냥 큐티 열심히 하고 너의 책임만 잘 수행하면 돼"라고 말하고 있는가? 하나님이 깊은 물을 허리까지만 오도록 만드시는가? 비통의 강물을 운하로 만들어 강둑의 돌 사이로 부드럽게 흘러가게 하시는가? 괴로움을 정화하여 스트레스가 되지 않게 하시는가? 그리스도인으로 잘 살아내기 위해 주변에 돌아가는 일들을 무시하라고 당신에게 요구하시는가? 당신의 영혼이 어떻게 미쁘신 창조주께 의탁해야 하는지 본문 말씀을 주의 깊게 살펴보라. 그러면 베드로전서 4장 19절 말씀을 새로운 관점에서 읽게 될 것이다. 그렇다면 신뢰한다는 것은 실제로 어떻게 나타나는가?

첫째, 다윗이 쓴 시편 28편을 살펴보자(이해를 위해 의역했다). 이 말씀은 당신의 영혼이 통치하시는 하나님을 신뢰한다는 것이 어떤 의미인지 간결하지만 강렬하게 보여 준다.

주님, 당신께 내가 부르짖습니다.

> 나의 반석이신 주님, 내게 귀를 막지 말아 주십시오.
> 주님이 응답하시지 않으시면 저는 죽습니다.
> 당신의 도움을 구하는 나의 외침,
> 탄원의 목소리를 들어주십시오._시 28:1-2

    이 본문 말씀은 조용하지도, 냉랭하지도, 침착하지도 않다. 다윗은 위험한 상황 가운데 위축되지 않고 평정심을 가지고 조용히 앞으로 나아가기 위해 하나님이 통제하고 계시다는 사실을 머릿속에서 되뇌지 않는다. 오히려 솔직하게 신뢰하며 하나님께 애원한다. 근본적으로 그는 이렇게 외치고 있다. "큰 문제에 봉착했습니다. 나를 도와주셔야 합니다. 당신이 필요합니다. 당신이야말로 나의 유일한 소망입니다." 기도는 당신이 필요하거나 원하는 것을 구하는 것이다. 탄원은 진심으로 구하는 것을 의미한다. 솔직한 탄원은 당신이 인생을 정상적으로 일구어 나가기 위해 모든 것의 균형을 맞추려고 노력하는 것과 가장 거리가 먼 것이다. 탄원은 심호흡을 하며 진정시키는 연습을 하는 것이 아니다. 탄원은 실제적인 도움을 줄 수 있는 누군가에게 간절히 도움을 구하는 행위다.

    고난받는 동안 정체기에 빠지는 것은 통치하시는 하나님의 의도가 아니다. 고통은 정상적인 삶을 방해한다. 원래 그렇게 되어 있다. 고통은 도움이 필요하다고 느끼게 만든다. 시편 28편은 조용한 '큐티'가 아니다. 요란하고 요구사항도 많다. 삶의 고난이 당신을 잠식하면 도움을 주실 수 있는 유일한 그분께 나아가게 된다. 시편 28편에서 다윗은 자신이 처한 고난과 무엇이 두려운지, 무엇을 원하는지 구체적으로 명시한다. 통치하시는 하나님의 보호를 향한 그의 신뢰는 기쁜 확신으로 바뀐다. 마지막으로, 그의 믿음은 사랑으로 귀결된다. 힘, 구원, 보호, 축복, 인도가 필요한 다른 사람들을 위해 중보기도를 시작한 것이다!

둘째, 시편 10편에서는 미쁘신 하나님을 신뢰하는 것을 어떻게 표현하고 있는지 살펴보자. 당신의 삶은 당신을 불안하게 만드는 포식자 같은 사람들로부터 위협을 받고 있다. 당신은 이렇게 부르짖음으로 당신의 영혼을 주님께 맡길 수 있다. "주님, 어찌하여 멀리 서 계십니까? 어디 계시는 겁니까? 환난의 때에 어찌하여 숨으십니까?" 이것은 원망의 불평이 아니라 믿음의 애원이다. "내가 당신을 필요로 했을 때 어디 계셨습니까? 내가 고난을 겪는 것은 당신 탓입니다. 충분히 멈추게 하실 수 있으셨으니까요"라며 하나님을 탓하는 것과는 정반대다. 금욕주의자와 불평론자들은 모두 하나님의 주권적 통제를 기계적인 측면으로 바라보고 하나님의 사랑의 목적에서 이를 분리시킨다. 금욕주의자는 하나님이 고난을 통제하신다는 말로 냉담한 분리를 합리화하고 불평론자들은 열띤 비난을 정당화한다.

하나님의 주권적 원칙, 약속, 목적을 신뢰하면 그분과 함께 적용할 점들을 논의할 수 있게 된다. 상황과 위협받는 느낌을 무시하는 대신, 조용한 가짜 위로를 찾는 대신, 평소와 다름없이 일에 매진하여 바쁘게 사는 대신, 불평불만을 쏟아내는 대신, 시편 기자는 악한 자의 사고 과정을 주의 깊게 생각해 보는 시간을 갖기까지 한다(10:2-11, 13). 그의 관심 영역은 자신의 역경을 넘어 고난받고 불운하며 순결한 고아인 압제당하는 자들에게로 확장된다. 어떻게 하나님의 손이 악인과 고난받는 자들에게 다르게 임하시는지 생각해 보는 것이다(10:12, 14-18). 우리는 이 세상의 것들이 이상하게도 희미해지지 않는다고 말할지 모른다. 오히려 세상 것들은 하나님의 영광과 은혜의 빛 속에서 훨씬 명확하게 드러난다! 시편 10편은 우리 안에 결단과 자신감을 불러일으킨다. 하지만 신뢰한다고 위협이 없어지지 않는다. 그러므로 미쁘신 창조주를 신뢰하는 것은 한마디의 애원으로 마무리된다.

> 고아와 압제당하는 자를 위하여 심판하사
> 세상에 속한 자가 다시는 위협하지 못하게 하시리이다_시 10:18

이 고백은 조용하지도, 냉랭하지도, 침착하지도 않다. 그것은 사랑을 통해 역사하는 믿음이다.

마지막으로 예수님은 시편 22편 1절과 31편 5절 말씀을 마음에 담으시고 십자가 위에서 하나님께 자신의 영혼을 맡기며 입술로 고백하셨다. 히브리서 5장 7절은 이때의 상황을 "자기를 죽음에서 능히 구원하실 이에게 심한 통곡과 눈물로 간구와 소원을" 올렸다고 설명한다. 예수님은 절대 자신의 감정을 무시하거나 이런 감정들을 인지적 과정에서 생기는 불편한 부산물로 여기지 않으셨다! 예수님이 인용하신 이 두 시편 본문은 극심한 고난에 소리를 덧입힌다. 우리는 예수님이 마음을 쏟으실 때 무슨 생각을 하고 계셨는지 알 수 있다. 예수님은 "나의 하나님, 나의 하나님, 어찌하여 나를 버리시나이까?"(마 27:46; 막 15:34)라고 외치셨는데, 이는 통치자 하나님이 "곤고한 자의 곤고를" 가볍게 다루지 않으신다는 것과 우리의 고난에 놀라 물러서지 않으시며 적나라한 필요를 무시하지도 않으신다는 것을 믿으셨기 때문이다(시 22:24). 하나님은 우리를 버리지 않으시고 들으시며 역사하신다. 어떤 사람들은 고난과 거리 두기를 한다. 이들은 고난을 축소시키거나, 불쾌함에 몸을 움츠리거나, 다른 곳으로 시선을 돌리거나, 희생자를 탓하기도 한다. 하지만 우리의 하나님은 우리의 부르짖음을 들으신다.

예수님이 보여 주신 마지막 신뢰의 행위는 시편 31편 5절 말씀에 나타난다. "내 영혼을 아버지 손에 부탁하나이다"(눅 23:46). 문맥과 따로 놓고 보면 이 말씀은 조용하고 냉랭하며 침착하게 들릴 수 있다. 하지만 문맥 안에서 보면 절대 조용한 고백이 아니다. 자신의 고난과 하나님, 둘 다와 완전한 교감을 이룬 한 인간의 필요가 담긴 애원이다. 시편 31편이 전하는 감정은 위험과 괴로움 속에서 어떻게 믿음으로 신뢰하는지를 보여 준다. 믿음이 지닌 감정은 두려움에서 용기, 슬픔에서 기쁨, 증오에서 사랑, 결핍에서 감사로 이어지는 모든 감정을 포함한다.

자, 이제 이것을 베드로전서 4장 19절 말씀과 연결 지어 보자. "그 영혼을 미쁘신 창조주께 의탁할지어다"에서 '의탁'이라는 단어는 예수님이 "내 영혼을 부탁하나이다"라고 하신 말씀에 쓰인 그리스어와 동일하다. 베드로는 의도적으로 우리가 예수님이 십자가의 괴로움 가운데 보여 주신 믿음의 모습을 따르도록 초청하고 있다.

모든 일에 드러나는 하나님의 높으시며 통치하시는 섭리는 삶에서 공황과 절망의 이유들을 쓸어 버린다. 이를 제대로 붙잡으면 당신은 절대 무심하거나 냉담하게 거리를 두고 있을 수 없을 것이다. 하나님의 목적은 당신을 정결하게 하는 것이다. 그리고 그분이 행하시는 정결케 함은 삶의 실제적이고 즉각적인 상황에 그게 선한 것이든 악한 것이든 간에 적극적으로 개입하는 것을 목적으로 한다. "내 속에 있는 것들아 다 그의 거룩한 이름을 송축하라"(시 103:1)와 "내 기도를 들으시고 나의 부르짖음을 주께 상달하게 하소서"(시 102:1)의 상반된 표현은 모두 정결케 함에서 흘러나온다. 그리스도는 무심하게 거리를 두는 것에 강하게 반대하신다. 이런 무심함은 그분의 성정과는 완전히 반대되는 것이다. 하나님은 시편 기자들이 표현하는 식의 삶을 경험할 수 있도록 가르쳐 주실 것이다.

나의 이야기

인생의 한 시기에 나는 의도치 않게 원수를 만나게 되었다. 공적으로 사적으로 반복적인 모욕을 받아야 했고 이로 인해 마음의 상처를 받았다. 욕을 얻어먹고 거짓 참소를 당하면 신경이 극도로 날카로워진다. "이건 아니야! 완전 부당하다고!"

증오심으로 가득한 원수들은 어떠했나? 그들은 적대적이고 나를 조롱했다. 나와는 아무런 관계를 맺으려 하지 않았고 화해조차 하려 하지 않았다. 그들의 눈에 나는 혐오스럽고 사악한 존재였다. 그들 눈에 비친 나의 죄악에 대해 그들은 거리낌 없이 비난을 쏟아냈다.

그리스도인이 **되는 것**에 따르는 놀라운 일 중 하나는 나의 신념 때문에 나를 싫어하는 사람들이 생긴다는 것이다. 그리스도인으로 **성장하는 것**에 따르는 놀라운 일 중 하나는 나를 싫어하는 사람들 중에 그리스도인이라고 주장하는 사람들도 있다는 것이다. 그리고 그리스도인으로 성장하는 것의 가장 큰 보상적 **축복** 중 하나는 우리가 악의와 거짓에 맞설 때 시편 말씀이 얼마나 완벽하게 우리의 마음을 조율하는지 깨닫는 것이다. 우리는 다윗이 자신을 위해 시편 말씀을 썼다는 것을 알고 있다. 그리고 예수님은 이 말씀을 자신의 것으로 만드셨다. 또한 우리는 이 말씀이 우리를 위해 쓰였음을 알아야 한다. 이렇게 시편 31편이 나의 경험에서 생명력을 얻었다.

나는 나를 대적하는 무리와 마주했지만 내 마음속에 거주하는 더 심각한 원수가 있음을 알게 되었다. 나는 정신이 팔려 있었고 스트레스를 받고 있었으며 산만해졌다. 내가 부당한 대우를 받고 있다는 사실에 너무 많은 신경을 쓰고 있었다. 내 마음은 나의 무죄를 입증해서 정확하게 이해받고 공정한 대우를 받고자 하는 악한 욕망에 사로잡혀 있었다. 샤워를 하거나 밤에 잠 못 이룰 때, 또 내가 받고 있는 비난들에 대한 질문을 받을 때 내 마음은 그들이 말하는 거짓말과 조롱에 대응할 태세를 갖추느라 정신이 없었다. 악을 악으로 갚고 싶은 유혹은 많은 형태로 나타난다. 비판을 비판으로 돌려주는 것은 내가 특별히 고려하고 있는 유혹은 아니었다(그런 생각이 아예 안 든 것은 아니었지만). 내가 걸린 덫은 거짓과 공격적인 비난에 스스로를 정당화하며 자기 방어로 대처하려는 것이었다. 이것 때문에 몇 달을 씨름했다. 도움이 필요한 시기였다.

그리고 하나님이 도움의 손길을 내미셨다. 그분은 나를 깊은 물에 빠져 죽게 두지 않으셨다. 그분은 나의 고난을 축복하시고 나의 괴로움을 정결케 하시기 위해 나와 함께하셨다. 많은 은혜의 수단을 사용하셨고 시간이 걸렸지만 하나님의 역사하심은 다음과 같이 나타났다.

마침 우리 교회에서 겨울 수련회를 개최하여 우리 삶에서 일하시는 하나님의 손과 음성이 필요한 순간을 찾아보는 시간을 갖게 되었다. 그 주의 목표가 정해지자마자 잘못을 잘못으로 되갚겠다는 나의 생각이 그 시간의 주제라는 것을 알았다. 부당한 비난에 자기 합리화로 대처하려고 했던 것이 잘못되었다는 것을 깨달았다. 하나님의 심판은 정확하고 자비로우면서 결정적이다. 나는 다른 사람들의 판단에 대해 너무 많이 걱정하고 있었다. 나는 상황에 정신을 빼앗겨 가족, 친구, 학생들, 동료들을 돌보지 않는 태만죄sins of omission를 짓고 있었다. 내가 정신을 빼앗긴 이유는 인간에 대한 두려움, 교만, 이해받고자 하는 욕망, 좋은 평판을 받고 싶은 열망 때문이었다. 단순히 문제에 이름을 부여하는 것만으로 관점과 목적이 어느 정도 파악되었다.

첫날 저녁 나눔이 끝날 무렵, 목사님은 우리 각 사람에게 어떤 성경 말씀이 우리가 씨름하고 있는 부분에 생명을 불어넣어 줄 수 있을지 생각해 보라고 말씀하셨다. 나는 잠시 생각해 본 후 시편 31편의 마지막 본문을 선택했다.

> 주를 두려워하는 자를 위하여 쌓아 두신 은혜
> 곧 주께 피하는 자를 위하여 인생 앞에 베푸신 은혜가
> 어찌 그리 큰지요
> 주께서 그들을 주의 은밀한 곳에 숨기사
> 사람의 꾀에서 벗어나게 하시고
> 비밀히 장막에 감추사 말다툼에서 면하게 하시리이다
> 여호와를 찬송할지어다
> 견고한 성에서 그의 놀라운 사랑을 내게 보이셨음이로다
> …
> 여호와를 바라는 너희들아 강하고 담대하라_시 31:19-21, 24

이 말씀이 나에게 말했다. 나는 이 말씀이 주는 통찰, 친밀함, 그리고 힘에 사로잡혔다. 위협당하고 주위의 적대적인 말에 에워싸이는 나의 경험을 잘 반영하는 말씀이었다. 그 말씀은 주님의 보호하시는 임재 안에서 안전함과 선함을 불어넣었다. 마지막 구절은 삶에, 가족에, 그리고 사역에 다시 한 번 열정을 가지고 매진하라는 부르심 같았다.

나는 우리의 하나님이 어떻게 선한 것을 쌓아 두시고 행하시는지, 그리고 그분의 선함 속에서 어떻게 우리를 숨기시고 보호하시는지 보여 주는 이 그림을 보고 크게 기뻐했다. "말다툼"이라는 단어가 나에게 다가오는 일들을 잘 설명해 주었다. 나는 평판을 지키기 위해 노력했던 것을 회개했다. 주님은 기꺼이 용서해 주셨고 놀라운 자애심을 보이셨다. 나는 나를 공격하는 자들을 납득시키려 했던 욕망을 내려놓고 그들을 용서하고 기회가 닿으면 그들과 평화를 모색하고자 했다(여러 번 퇴짜를 맞았지만 말이다). "강하고 담대하라"는 마지막 도전은 백파이프의 높은 소리처럼 나를 전율시켰다.

말로 하는 공격, 나의 악한 반응, 내 마음의 삐뚤어진 동기, 자유케 하는 성경 말씀, 지혜로운 목사님이 모두 합력하여 나의 변화, 기도, 합의에 이르는 모든 과정에 생기를 불어넣었다. 나는 집착을 내려놓고 하나님이 내 앞에 두신 사람들과 사역에 다시 집중할 수 있을 만큼 자유로워졌다. 하지만 변화는 즉각적으로 일어나지 않고 몇 달에 걸쳐 서서히 나타났다.

이 과정 중에 꼭 언급해야 할 또 한 명의 조력자가 있었다. 나보다 나이도 많고 더 지혜로운 그가 이 모든 것을 제자리로 되돌리는 데 지대한 공헌을 했다. 그는 하나님의 말씀이 풍성히 거한 사람으로, 그에게서 나오는 하나님의 말씀은 향기롭고 빛나며 시기적절하고 생동감이 있었다. 사실 그리 오래 알고 지낸 사이는 아니었는데 함께 다양한 주제에 대해 오랫동안 대화를 나누면서 우정을 쌓게 되었다. 그는 내가 처한 상황에 위치한 모든 요인을 제대로 평가할 수 있도록 도와주었다. 또 나에게 쏟아지고 있는 비난은 근거가 없으며, 내가 그런 말들을 날아가는 제비처럼 여겨야 한다고 단언했다(잠 26:2). 그러면서도 적대감이 여전히 상처가 된다는 것을 인정했다. 거짓 증언을 하는 사람들은 방망이요, 칼이요, 뾰족한 화살이며(잠 25:18), 함부로 말하는 자는 칼로 찌르는 것과 같다(잠 12:18).

알고 보니 그는 나를 비난하는 사람들을 수년 전부터 알고 있었는데, 그중에 한 명은 불화를 일으켜 교회에서 파문당했고 또 다른 사람은 한 번도 교회를 다녀 본 적이 없는 예측 불허의 사람이라는 것을 알려 주었다. 그 역시 그들 중 한 명에게서 공개적으로 비방받은 적이 있었다. 그는 당쟁을 일삼는 사람과는 화해할 수 없음을 깨닫게 해주었다(딛 3:9-11). 그리고 이 모든 것을 뒤로하고 앞으로 나아가서 하나님이 사랑하라고 보내 주신 사람들을 사랑하고, 하라고 하신 일들에 매진하라고 격려해 주었다. 그 무엇보다 그는 우리 하나님의 선하심과 자비하심을 재차 확인하고 구현해 주었다. 또한 주님이 고난 속에 있는 우리를 불쌍히 여기신다는 것과 주님의 돌보심이 어떻게 우리를 보호하고 회복시키는지 몸소 확인시켜 주었다. 이야기를 나누면서 그가 언급한 잠언 12장 18절 말씀이 떠올랐다. "칼로 찌름같이 함부로 말하는 자가 있거니와 지혜로운 자의 혀는 양약과 같으니라." 고맙습니다, 나의 친구여.

우리가 왜, 그리고 어떻게 변화하고 성장하는지의 핵심에는 이해할 수 없는 일들이 작용한다. 모든 요소가 하나님의 임재, 손길, 음성에 닿아 있는 유기적이고 역동적이며 관계적인 과정은 우리의 분석하고, 설명하고, 각본을 쓰고 통제하는 능력을 벗어나는 일이다. 우리의 상대는 피조물에게 통할 수 있는 모든 방식으로 창조주를 닮아가게 하시기 위해 계속해서 진흙을 빚으시는 토기장이시다. 많은 요인의 무한한 변수가 작용하고 있기에 같은 이야기가 하나도 없다. 그리고 하나님이 직접 이 모든 것에 관여하신다. 그 과정을 절대 수량화할 수는 없지만 일반적으로 나의 이야기와 고난 중에 주님의 은혜가 어떻게 역사하시는지를 증언하는 다른 모든 이야기 속에는 다섯 가지 요인의 변수가 엮여 있다.

첫째, 하나님이 직접 삶의 저자가 되신다. 그분은 우리에게 생명을 주시고 우리를 돌보신다. 말씀하시고 목자 되시며 행동을 개시하신다. 또한 응답하시고 가지치기하시며 훈련하신다. 생기를 불어넣으시고 힘주시며 보호하시고 용서하시며 인도하시고 들으신다. 무지하고 고집스러운 우리는 모든 것을 아시고 언제나 우리와 관계 맺으시는 그분과 지속적인 관계를 맺으며 살아간다. 내가 나눈 이야기에서 하나님은 역사하고 계셨다.

둘째, 우리 인간은 이중으로 고난받는다. 우리는 셀 수 없는 고난, 그리고 우리 마음의 어리석음과 씨름한다. 힘든 일은 외부에서 오고 어두운 것은 우리 내부에서 오기 때문에 우리는 몸부림을 친다. 경험을 통해 우리는 객관적으로 또 주관적으로 개입하시는 은혜가 필요하다는 것을 절감한다. 나의 이야기에서 나는 적대감의 고통과 거짓말의 압박을 느꼈다. 그리고 내 자신에 매몰되는 것과 스스로의 무죄를 입증하려는 충동이 얽히고설킨 가운데 씨름했다.

셋째, 하나님의 말씀이 어둡고 치우친 마음에 빛과 자비를 가져온다. 우리는 말씀을 통해 구원하시는 사랑의 성부, 성자, 성령에 대해 배운다. 이 말씀에 따라 포도원지기이자 목자이며 생명을 주시는 하나님이 우리 삶의 각본을 다시 쓰신다. 내가 괴로움을 겪고 있었을 때 시편 31편 말씀은 선함으로 충만한 그분의 임재가 있는 비밀 장소의 문을 열어 주었다. 강하고 담대하라는 그분의 부르심은 매우 효과적이었다.

넷째, 다른 사람들이 하나님의 은혜를 전한다. 교회의 공적 사역과 지혜 있는 사람들의 개인 사역이 연합하여 직접적인 경험에서 우러나오는 목소리, 사랑하는 마음, 돕는 손으로 하나님의 은혜를 전한다. 나의 경우 가르침의 문맥과 수련회에서 인도받은 묵상은 은혜의 중요한 수단이었다. 내 친구의 지혜로운 상담은 많은 이질적인 가닥들을 통합시켜 주었다.

다섯째, 우리 스스로가 어둠에서 빛으로 돌아선다. 우리 자신이 하나님의 말씀을 마음에 새기고 삶 전체를 하나님의 손에 맡겨 드린다면 우리는 다르게 행동할 수 있다. 나의 이야기에서 나는 선함을 주겠다고 하신 그분의 약속에 반응했다. 나를 공격하는 사람들을 용서했고 나 자신을 정당화하려는 노력을 내려놓았다. 나는 내 시간과 에너지를 원래 있어야 하는 자리로 되돌려 놓았다.

당신 것으로 만들기

이 책을 읽으면서 당신은 어떤 '범주'의 심각한 고난에 초점을 맞추었는가? 지금까지 소개한 내 이야기처럼 건강 문제나 대인관계의 고난인가? 언어적, 육체적, 성적 폭력인가? 금전적 고난인가? 당신의 인종, 성별, 신념, 장애, 사회경제적 위치, 아니면 사회에 깔려 있는 다른 편견이나 무시인가? 도덕적 실패에 의한 여파인가? 혹은 이와는 또 다른 고난을 겪고 있는가?

내가 건강의 고난에서 대인관계의 고난으로 옮겨갔듯이 당신의 삶에서 하나님이 결실을 맺게 하시는 또 다른 문제가 있는가? 우리가 다루고 있는 찬송가의 3절에 나타나시는 하나님을 당신의 고민 속으로 초청하라. 그분이 "가장 깊은 괴로움을 깨끗이 씻어 줄" 것이다.

6
내 사랑의 목적은 너를 변화시키는 것임이라

"얼마나 견고한 토대인가"의 4절을 보면 하나님의 목적이 조금 더 분명하게 나타난다. 하나님이 당신의 심각한 고난을 계획하시는 데에는 세 가지의 이유가 있다. 고난을 통해 그분은 당신을 향한 자신의 변치 않는 자비를 드러내시는 한편, 당신 안에 있는 모든 인색함을 제거하신다. 그렇게 당신 또한 끊임없이 너그러워지도록 만드신다.

불같은 시험들 가운데 너의 길이 지날 때
충분한 나의 은혜가 너의 공급이 되리라
불꽃이 너를 해하지 못할 것이라
너의 찌꺼기를 태워 버리고
너의 금을 연단하기로 계획하였느니라

우리의 자비하신 주님은 이 목적을 이루시기 위해 우리와 함께 일하신다. 불같은 시험들이 너를 해하지 못할 것이라는 은유적 표현은 이사야 43장 2절에서 인용된 것이다. 그러나 이 절의 핵심 약속은 베드로전서 1장 6-9절 말씀을 기초로 한다. 베드로는 연단하는 용광로의 은유를 사용한다. 당신은 불순물 가득하고 혼란스러운 피조물이다. 고난의 경험을 통해 하나님의 손이 당신을 정화시킨다. 그분의 사랑은 당신 안에 있는 악, 즉 "찌꺼기"를 제하기 위하여 일하신다. 그 결과는 다른 이들을 향한 더 진실한 사랑뿐 아니라 그리스도 안에서 하나님을 향한 사랑과 기쁨이 자라는 것이다. 이것이 바로 당신의 "금"이다.

베드로는 당신이 예수님을 본 적이 없기 때문에 이것이 믿음의 열매라고 말한다. 하지만 예수님은 불같은 시험들 가운데 점점 실체로 나타나신다. 우선 "찌꺼기"부터 살펴본 후 "금"에 대해 이야기해 보도록 하자.

태워야 할 당신의 찌꺼기

대부분의 경우, 고난을 죄와 분리시키는 것은 옳은 일이다. 당신이 행하는 일은 당신에게 일어나는 일과 다르다. 당신의 죄는 도덕적 주체로서 당신이 짓는 나쁜 것들인 반면, 당신의 고난은 당신에게 일어나는 나쁜 것들을 말한다. 주체와 희생자는 원론적으로 반대의 개념이다. 그리고 이 책은 당연히 당신에게 일어나는 것들에 초점을 맞추고 있다. 그리스도 안의 새로운 피조물로서 당신은 당신의 고난과 근본적으로 다른 관계 속에서 살아간다.

하지만 그리스도 안의 새로운 피조물로서 당신은 자신의 죄와도 본질적으로 다른 관계를 맺고 살아가고 있음을 인지해야 한다. 당신의 죄가 당신을 괴롭힌다. 당신의 사각지대, 그리고 끊임없이 따라다니는 죄악의 찌꺼기는 더 이상 당신을 규정짓지도 기쁘게 하지도 않는다. 우리 속에 내재하는 죄는 심각한 고난의 한 가지 형태가 된다. 한때 본능적으로 사랑했던 것들이 이제 당신을 괴롭히고 있다.

어떤 죄와 여전히 씨름하고 있는가? 하나님을 잊어버리고 삶의 중심이 나인 것처럼 살아가고 있는가? 종교적 강박에 사로잡혀 인간애가 말라 버렸는가? 자기 방어적이고 자기주장이 강한 교만함을 가지고 있는가? 게으르거나 의욕이 넘치거나 혹은 이 둘 사이에 왔다 갔다 하는가? 화를 잘 내고 판단하며 불평을 늘어놓는가? 부도덕한 충동이나 판타지에 몰입하는가? 돈, 음식, 오락에 집착하는가? 당신에 대한 다른 사람들의 평가를 두려워하는가? 다른 사람들이 갖고 있는 좋은 것들을 질투하는가? 당신의 이미지를 만들기 위해 반쪽짜리 진리로 참된 진리를 가리는가? 영양가 있고 건설적이며 은혜로운 지혜의 말 대신 공허하고 파괴적인 말들을 내뱉는가?

이러한 죄는 일상에서 고질적으로 나타난다. 어쩌면 당신은 "7대 죄악"seven deadly sins(그 자체가 죄이면서 다른 죄와 악습을 일으키는 일곱 가지 죄: 교만, 시기, 분노, 나태, 탐욕, 탐식, 정욕—옮긴이 주)

안에 우리 마음의 일상적인 광기가 포함되어 있음을 알아차렸을 수 있다! 나도 그렇지만 당신도 이 일곱 가지 죄악을 각각 식별할 수 있을 것이라 생각한다. 우리의 하나님 아버지는 매일 아침마다 새롭게 우리의 머리카락 수보다 더 많이 우리를 사랑하신다. 그분은 선하시며 선한 일을 행하신다. 우리를 사랑하시기로 선택하신 것이다. 그리고 우리 역시 그분이 구출하여 입양한 길거리 아이들처럼 그분을 진심으로 사랑한다. 하지만 우리의 사랑은 완벽과 거리가 멀다. C. S. 루이스는 하나님의 구원의 자비를 필요로 하는 우리가 겪는 계속되고 넓어지며 깊어지는 고난을 생생하게 포착했다.

하나님을 향한 인간의 사랑은 본질 그 자체로 매우 폭넓게, 그리고 전적으로 필요에 의한 사랑이어야 한다. 이것은 우리의 죄에 대한 용서를 구하거나 고난을 위한 도움을 간구할 때 명백히 드러난다. 하지만 장기적으로 보면 우리의 존재 자체가 본질적으로 하나의 거대한 '필요'라는 인식은 점점 더 분명해질 것이며, 마땅히 그래야 한다. 우리는 미완성이고, 준비 단계에 있으며, 비어 있으면서도 뒤죽박죽이기에 모든 매듭을 푸시고 헐거워진 것들을 단단히 묶을 수 있는 그분께 부르짖어야 한다.[1]

우리가 매듭에 묶여 있든, 헐거워진 줄 끝에 매달려 있든, 하나님은 우리의 부르짖음을 들으신다. 그분은 말씀하신다. "너는 나의 것이다. 그러니 마음을 단단히 먹으라. 내가 시작한 일을 완성할 것이다."

하나님과의 관계가 근본적으로 변하면 남아있는 죄악과의 관계도 철저하게 변화한다. 그리스도 안에 있으면서 죄를 지으려면 당신은 일시적인 정신 이상과 망각 상태에 빠져야만 할 것이다. 죄는 최악의 암덩어리고, 가장 큰 손상을 입히는 장애이며, 가장 기만적인 원수이고, 가장 깊은 괴로움이다. 당신의 삶에 가장 파괴적인 영향력을 행사하는 유일한 것이라고 할 수 있다. 다른 모든 창조물과는 다르게 죄는 당신의 삶과 행복을 위협한다.

우리의 죄가 미친 듯이 우리를 고난으로 몰아넣는다는 말은 우리의 혼란을 합리화하거나 핑곗거리로 삼기 위함이 아니다. 당신의 죄는 다른 사람이 아닌 **당신의** 죄다. 언쟁에서 화를 낼 때, TV 앞에 널브러져 있을 때, 로맨스나 에로티시즘의 판타지에 빠질 때, 날씨에 대해 불평할 때, 중요한 사람들 앞에서 잘 보이고자 하는 강박에 빠질 때, 걱정하고 잔소리하고 뒷담화할 때, **당신이** 이 모든 것을 행하는 것이다. 대적, 호르몬, 마귀의 세력, 자라온 환경 그 어떤 것도 당신의 육이 저지르는 죄악의 핑곗거리가 될 수 없다. 당신이 저지르는 것이다. 하고 싶어서 하기도 했지만 정신을 차리고 보면 사실은 하고 싶지 않은 일들일 것이다. 결국 당신은 정신을 차리게 된다. 그리스도인이라면 겪게 되는 이중적 의식의 갈등은 언제든 극복할 수 있다. 물론 떠내려가 또 죄를 지을 수 있지만 당신이 주님께 헌신하고 있다면 언제나 그분께 돌아설 수 있다. 그리고 그분이 당신에게 절대적으로 헌신하시고 새로운 창조가 이미 당신 안에서 역사하고 있기 때문에 당신은 주님께 더욱 헌신할 수 있다. 많은 시편이 우리의 죄 된 성향과 죄로부터 우리를 구원해 주시는 구원자를 향한 충성심 사이에 생기는 긴장감을 잘 표현하고 있다. 이러한 시편은 승리하시는 주님의 자비와 선하심에 대한 사랑을 고백하는 동시에 죄의 어두운 세력을 고백한다.[2]

제정신으로 돌아와 자기 인식이 깨어날 때, 당신은 자신의 어두운 성향을 고난으로 여기게 될 것이다. "이건 내가 원하는 나의 모습이 아니야. 나는 내가 원하지 않는 행동을 하고 있어. 내가 느끼고 싶지 않은 감정을 느끼고, 내가 생각하고 싶지 않은 생각을 하고 있어. 나는 내가 원하지 않는 것을 원하고 있어." 이런 내적 모순이 어떤 것인지 알 것이다. "나는 기쁘게 주님을 사랑하고 싶지만 내 안에 몰입되어 있어. 다른 이들을 기꺼이 사랑하고 싶지만 사랑 없는 상태에 빠져 있어. 용서하고 싶어도 원망을 품고 있어. 다른 이들에게 주고 싶지만 그들의 것을 갈취하고 무시해. 경청하고 배우고 싶지만 나는 고집스럽고 옹졸해. 내가 가진 가장 큰 문제가 거울에서 나를 똑바로 응시하고 있어."

그러나 내재하는 죄는 당신을 규정짓지 않는다. 오히려 당신과 씨름한다. 죄는 정체성이 아닌 일탈적 행위다. 자기 의지는 당신 안에 살아있는 모순이다. 그러므로 그 거울 넘어 멀리 바라봐야 한다. "주님 되신 예수님, 나를 향한 당신의 사랑이 승리할 것입니다. 당신은 당신의 이름을 위하여, 당신의 선함을 위하여, 그리고 당신의 변함없는 사랑과 연민을 위하여 나에게 자비를 베푸십니다(시 25편). 나를 생각하실 때 당신이 어떤 분인지 기억하심이 나에게는 넘치는 기쁨입니다. 당신이 나에게로 얼굴을 돌리시고 다시는 고개를 돌리지 않으실 것을 알기에 나의 소망은 깨지지 않습니다."

찬송가 "얼마나 견고한 토대인가"에서 제시하는 모든 약속은 외부로부터 오는 악뿐 아니라 내재하는 악으로 인한 심각한 고난에도 적용할 수 있다. 아마 처음부터 내재하는 죄의 패턴을 당신의 가장 심각한 고난으로 인식하지는 않았을 것이다. 이 두 가지를 합쳐서 생각하라. 하나님은 어떻게 외부적 고난을 사용하셔서 내부에서 다루고 있는 죄를 드러나게 하시는가? 하나님이 당신을 고난에 빠트린 죄로부터 구원하실 것임을 어떻게 알 수 있는가? 그분은 당신을 향한 사랑의 불로 당신의 찌꺼기를 태워 버리실 것이다.

연단되어야 할 당신의 금

당신의 금은 어떤 모양인가? 첫째로 주목해야 할 점은 그것이 **당신의** 금이라는 사실이다. 하나님은 이미 당신 안에 믿음과 사랑의 선한 일을 시작하셨다. 앞서 나는 시편의 이성적인 열정을 따라 믿음이 어떻게 생각하고 말하는지를 보여 주었다. 그리고 그 믿음은 매우 선한 것으로 인도한다. 여기에서 우리는 믿음에서 비롯되는 사랑의 두 가지 핵심 요소에 대해 살펴보고자 한다. 가장 주목해 볼 점은 전 인류가 여태껏 본 적도 없고, 앞으로도 볼 수 없는 선한 것들이 고난의 맥락에서만 나올 수 있다는 것이다. 우선 담대한 인내, 그리고 지혜로운 사랑에 대해 논해 보도록 하겠다. 연단하시는 하나님의 불은 우리의 고난 속에서 금을 만들어내신다.

1. 은혜는 담대함을 가르친다. 하나님이 "두려워하지 말라"고 말씀하실 때 그것은 그저 진정하고 두려움이 누그러지는 정도를 말씀하시는 것이 아니다. 그분은 "두려워하지 말라. 모든 일이 다 잘 될 것이다. 그러니 안심해라"라고 말씀하시지 않는다. 오히려 "두려워하지 말라. 내가 너와 함께함이라. 그러니 강하고 담대하라"라고 말씀하신다. 차이점이 보이는가? 깊은 물이 없어진 것이 아니다. 문제들이 여전히 당신을 압박한다. 두려움의 반대말은 담대함이지 태연하게 평정심을 유지하는 것이 아니다. 두려움이 없다는 것은 두려운 것들에 담대하게 맞선다는 것이다. 전혀 유쾌하지 않은 스트레스 속에서도 건설적으로 나아가는 것이다. 담대함은 불안한 감정으로부터 자유하는 것 이상의 의미를 가지고 있다. 인내는 어렵고 고통스러운 것을 "견디게 하는" 목적이 있고, 기분이 좋지 않을 때에도 다른 사람들을 배려하는 것이다.

단순히 불안을 잠재우기 위한 방법은 수없이 많다. 열심히 운동을 하거나, 모든 사실을 파악하거나, 우울증 치료제를 복용하거나, 인지 행동주의적 치료를 받거나, 최고의 명의를 찾아가거나, 요가를 하거나, 버뮤다로 휴가를 떠나거나, 와인 한 잔을 마시거나, 문제에서 살짝 거리를 두거나, 비슷한 고난을 겪고 있는 다른 사람들의 위로를 받거나, 일에 몰두하는 등의 다양한 방법이 있다. 이들 중에는 그 자체로 괜찮은 방법들도 있다. 하지만 이 중 그 어떤 것도 고난에 맞서 두려워하지 않게 만들 수는 없다. 그 어떤 방법도 신약에서 고난을 통한 하나님의 목적에 대해 언급할 때 반복적으로 나오는 "인내"라는 성령의 열매를 맺게 할 수 없다. 개인적 평안을 얻기 위한 그 어떤 전략도 작은 일상적 선택들 속에서 다른 사람을 배려하고 사랑할 수 있는 성향과 능력을 부여하지 않는다. 이 중 어느 것도 하나님의 손이 당신을 그분의 아들의 형상으로 빚어내어 당신의 삶 전체가 거룩한 체험이 된다는 것을 알게 되는 기쁨을 주지 않는다. 그 어느 것도 더 깊은 의미를 포함시킴으로 당신의 고통 방식을 바꾸지 않는다. 그리고 그 어떤 것도 당신이 사는 날 동안 열매 맺는 삶으로 인내해야 할 이유를 말해 주지 않는다. 당신이 할 수 있는 순종의 범위가 당신의 침상을 지키는 간호사와의 관계에 국한되더라도 말이다.

2. 은혜는 지혜로운 사랑을 가르친다. 사실 두려움 없는 인내는 지혜로운 사랑을 하기 위한 것이다. 현실의 고난 속에서 하나님은 당신을 예수님과 닮게 만들고 계신다. 예수님은 공존할 수 없는 두 가지 자질을 겸비하신다. 진정한 긍휼과 삶을 변화시키는

조언이다. 이 둘을 당신 안에서 결합시키려 하신다. 어떤 조력자들은 격하게 관심을 보이지만 무슨 말을 해야 할지 모를 때가 있다. 그들은 무력한 동정심을 느낄 뿐이다. 그래서 진부한 위로의 말을 전하고 자기 연민을 강화시키며 희생자로 낙인찍는다. 또 다른 이들은 조언을 해주기는 하지만 고난받는 이들의 문제에는 관여하지 않은 채 그저 냉담한 충고만 해준다. 고난받는 사람이 빨리 변하지 않으면 이들은 조급해한다. 그리고 고난받는 이들이 겪는 고난의 중요성은 묵살한다. 이 두 가지 유형의 조력자 모두 진실된 위로로 인도할 수 없다.

하지만 당신이 불같은 시험을 통과하여 하나님께서 하신 말씀이 참되다는 것을 깨달으면, 당신은 이제 진정한 도움을 베풀 수 있게 된다. 당신은 하나님의 붙들어 주시는 은혜와 목적이 이끄는 계획을 직접 경험했을 것이다. 하나님은 고통을 지나는 동안 당신을 보호하셨고 자신의 형상으로 다시 빚으셨다. 당신은 이 찬송가의 모든 내용이 진리임을 깨달았을 것이다. 당신은 하나님으로부터 경험하는 모든 것을 다른 사람들에게 더 많이 나누어 줄 수 있다. 이제 당신은 다른 이들의 가장 깊은 고난을 정결케 하는 과정을 돕기 위해 필요한 부드러움과 명확성을 연마하고 있다.

고린도후서 1장 4절 말씀은 이를 가장 잘 표현한다. "[하나님은] 우리의 모든 환난 중에서 우리를 위로하사 우리로 하여금 하나님께 받는 위로로써 모든 환난 중에 있는 자들을 능히 위로하게 하시는 이시로다." '위로'(혹은 '격려')라는 단어는 단순한 위안이나 영감을 의미하지 않는다. 당신은 용기를 얻고 강해진다. 하나님의 변화시키는 긍휼, 그분의 친절과 공정의 완벽한 조화를 경험하게 된다. 그분은 당신이 위로하는 자로 성장할 수 있도록 사랑 안에서 진리를 말씀하신다.

두 가지 것에 주목해 보자. 첫째, 하나님이 우리의 필요를 충족시키시는 방식은 우리가 믿음과 사랑으로 다른 사람의 필요를 충족시키는 일반적인 능력으로 변화된다. 다시 말해, 어떤 특정 고난에서 당신이 하나님께 받은 위로는 어떤 고난 중에 있는 다른 사람들에게 도움이 될 수 있다. 250년 전에 쓰인 찬송가도 어떤 누군가의 고난과 관련되었기 때문에 고난 속에 있는 우리에게 도움이 되는 것이다. 둘째, 하나님이 어떻게 사람을 사용하여 격려하시는지 기억하라. 고린도후서 1장 4절은 복음적 진리로 얻는 격려의 말씀을 당신 혼자만의 것으로 적용하라고 말하지 않는다. 용서받은 사람에게 당신의 사랑을 재확인하는 것은 인격적인 손길로 위로를 주는 것이다(고후 2:7-8). 바울은 고린도 교인들이 그의 마음에 있고 그들의 마음이 그에게 열려 있었기 때문에 위로받았다. 디도가 이를 그에게 말해 주었기 때문에 용기를 얻었다. 디도가 위로받았기에 바울도 격려를 받았다. 그리고 고린도 교인들의 진실된 믿음이 명백하게 드러났기에 위로를 받았다(고후 7:4-16). 하나님의 손길과 인간의 손길의 일치는 기독교 신앙의 큰 기쁨 중 하나다.

하나님의 인격적인 자애로움, 변치 않는 진리, 그리고 높으신 목적이 연합되어 겉으로 모순되어 보이는 것들을 동시에 이루어 낸다. 하나님은 고난받는 우리를 심오한 차원에서 위로하시고 우리가 인내할 수 있도록 우리를 강하게 하신다. 자비로 죄인인 우리를 도전하시고, 어린양의 피를 계속해서 필요로 하는 우리를 겸손하게 하신다. 또한 하나님은 우리를 그분의 자녀로 강력하게 변화시키셔서 다른 고난받는 자, 죄인, 그리고 자녀들을 도울 수 있도록 담대하고 지혜롭게 만드신다. 고난은 불가피하게 고독하다. 그 누구도 완전히 다른 사람의 경험에 참여할 수 없기 때문이다. 각 사람은 "자기의 마음에 재앙"을 깨닫는다(왕상 8:38; 잠 14:10 참고). 하나님은 절대 인간적인 도움이 온전히 다가갈 수 있는 유일한 존재인 주님을 대체하게 두시지 않는다. 하지만 우리는 사랑으로 서로의 짐을 함께 지고 진리로 서로를 상담해 줄 수 있다. 지혜로운 사랑을 주고받는 것은 삶의 가장 중요한 기쁨 중 하나다.

나의 이야기

그리스도인이 된 지 25년이 지나 50세가 되었을 때, 나는 심장 수술을 받아야 했다. 수술 후 회복 과정은 매우 고통스러웠다. 하지만 단기적인 고통보다 장기적인 후유증이 훨씬 더 극심했다. 수술 후 5년 반의 시간은 내 인생에서 가장 힘든 시기였다.

2002년부터 2006년까지 내 몸은 제대로 작동하지 않았다. 회복력이 전혀 없었다. 일상적인 피로에서조차 회복하지 못했다.

나는 산산조각 나는 듯한 불안과 늘어나는 장애로 인해 나락으로 떨어졌고 평범한 사회생활과 목회생활을 유지할 수 없었다. 나는 상실감이 축적되던 이 시기를 건물이 슬로우 모션으로 붕괴되는 가운데 살아가는 것에 비유하고 싶다. 오직 가족과 몇 명의 친구들 그리고 집필만이 열매로 남았다. 내가 놓친 모든 사회적 만남의 대가를 세어 봐야 했다. 가르치는 일은 너무 힘이 들어 겨우 한 학기를 마칠 수 있었다. 상담하는 일을 정말 사랑했지만 그 당시에는 너무 지쳐서 결국 그 일을 그만둬야 했다.

그리고 이 모든 것을 통해 하나님은 나를 만나시고 선한 방향으로 변화시키셨다. 변화는 때때로 결정적인 순간에 일어난다. 앞 장에서 소개한 두 이야기는 불과 하루 혹은 몇 분 안에 일어난 극적인 반전을 가지고 있었다. 반면 이번 이야기에서 나는 좀 더 느린 속도로 몇 달에 걸쳐 이 고통스러운 상황을 받아들이려 애썼고, 여기에는 여러 가지 중요한 분수령적인 순간들이 있었다.

우리가 어떻게 성장하느냐의 많은 부분은 천천히 형성되는 습관, 즉 사고, 태도, 반응의 새로운 패턴을 축적하는 것에 달려 있다. 그리고 우리의 성장은 대부분 어린아이가 성장하는 것처럼 부지불식간에 일어난다. 다른 기술과 마찬가지로 지혜는 정의할 수 있고, 명시적인 것을 배우며, 설명할 수 있는 순간들을 포함한다. 하지만 다른 기술처럼 암묵적이고 내포되어 있는, 다시 말해 글이 아닌 경험으로 배우는 것도 포함한다. 절대 수량화할 수 없고 심지어 보지도 못한 방식으로 나는 성장했다. 하나님은 우리의 상상을 초월하는 방식으로 일하신다. 삶을 어떻게 살 것인지 배우는 것은 가장 복잡한 기술이기 때문에 우리가 죽음을 맞이하고 하나님의 얼굴을 뵐 때까지 씨름은 끝나지 않을 것이다.

5년 반 동안 내가 경험한 것은 지금 당신이 읽고 있는 이 책의 시작이었다. 기본적인 틀과 톤은 내가 느끼는 피곤의 원인이 불분명하고 내 컨디션이 호전될 것이라는 세상적인 희망이 전혀 없었던 이 시기의 막바지쯤 갖추어졌다. 내 삶은 말라 죽어가고 있었다. 그러기에 내가 쓰는 이 이야기는 세 가지의 상호 보완적인 실체들의 팽팽한 끈을 잡고 있는 것을 전제로 한다.

- 우리는 그리스도를 직접 만나 모든 눈물이 닦일 때까지 해결될 수도 피할 수도 없는 고난을 겪는다.
- 많은 경우 고난은 순간적이거나 한 계절 정도 지속되고 그 후 우리는 회복된다.
- 하나님은 우리의 고난을 위한 해결책이 있든지 없든지 우리 안에서 역사하신다.

장기적으로 보면 5년 넘게 지속된 어둠의 시간들이 지나고 내 건강은 수면 장애를 발견하고 치료하는 과정에서 놀랍게 회복되었다. 하지만 나는 의학적 치유에 대한 이야기를 하려는 것이 아니다(매우 기쁜 일이었지만 말이다). 계속 진행 중인 한 영혼의 치유에 대한 이야기다. 하나님은 어떻게 일하셨는가?

첫째로 고난 그 자체가 있었다. 폭포수처럼 쏟아지는 상실감과 고민들 속에서 모든 익숙했던 습관과 가정(假定)들이 먼지처럼 공중에 흩어져 버렸다. 나는 마치 50대가 아닌 80대가 된 것 같았다. 삶은 아무런 설명도 해답도 없이 변해갔다. 하나님은 고난 속에서, 또 고난을 통해 일하신다. 성경 말씀에 따르면 고난은 은혜의 통로다. 나의 믿음과 사랑은 항상 그랬듯이 다시 한 번 성장해야 했다.

둘째, 몇 명의 지혜롭고 경건한 친구들이 매우 중요한 역할을 했다. 몇몇은 나와 유사한 어려움을 겪고 있었다(암으로 죽거나, 만성적 고통과 피로에 의해 장애를 입었다). 이들은 나를 이해했다. 이들의 공감과 통찰은 "예전에 다 겪었던 일들이지" 하며 과거를 회상하는 것에서 비롯되지 않았다. 우리는 이 고난 속에 함께 있었다. "지금 나는 여기 있고 이것을 하고 있다." 또 어떤 친구들은 나를 잘 알고 있어서 내가 현실적인 조치를 취할 수 있게 도와주는 방식으로 동정심을 발휘했다. 이들은 내가 주어진 한계 속에서 계획을 세우고 행동할 수 있게 도와주었다. 나에게는 이런 다정함과 현실주의 둘 다 필요했다. 둘 다 현실적인 지혜의 측면과 인간으로 오신 예수 그리스도를 보여 준다. 가족들은 또 다른 역할을 했다. 그들은 날 상담하려 하지 않았다. 그저 나를 보살폈고 그런 그들을 나는 사랑했다. 이 시기에 나는 사회적 관계에서 혹독한 대가를 치렀기에 가족의 애정은 나에게 모든 것이었다.

셋째, 오래 전 경주를 마친 성도들의 지혜가 중요한 역할을 했다. 공적 예배가 나를 지탱하고 가르쳐 주었다. 물론 사람들과의 만남으로 피로해지지 않도록 축도 전에 예배당을 빠져나와야 했지만 말이다. 나는 언제나 나를 노래하게 하고 생각하게 하는 지혜로 가득한 찬송가를 사랑해 왔다. (하나의 찬송가로 이 책의 틀을 세울 정도로 말이다!) 하지만 나는 얼마나 많은 찬송가가 (시편과 같이) 고난에 대해 노래하고 있는지 전혀 알지 못했다. 이러한 찬송가는 상처와 혼란 중에서 우리의 구세주를 찾고 발견하게 한다.

예를 들어, 카타리나 폰 슐레겔이 지은 "내 영혼아 너 잠잠하여라"는 작곡가의 번뇌와 혼란에 솔직한 목소리를 덧입힌다. 그리고 슬픔 중에서도 소망을 갖는 이유를 포함하여 자신이 갖고 있는 소망과 기쁨을 표현한다. 슬픔 중에서도 주님은 당신의 편에 계신다. 그분은 당신의 최고의 하늘 친구이며 먼저 떠나지도 않을 것이다. 그분은 폭풍우를 잠재우듯 어두운 감정들을 진정시켜 주신다. 사랑의 가장 순수한 기쁨으로 당신을 회복시키실 것이다. 폰 슐레겔은 이 모든 선물을 우리에게 선사한다. 나는 후에 그녀를 만나서 도와줘서 고마웠다고 이야기할 날을 고대한다.

넷째, 하나님의 창조물이 얼마나 삶을 유지시키고 생기를 되찾게 하며 정결케 하는지 말로 다 표현할 수 없다. 나는 사계절 내내 어떤 날씨이든 간에 밖으로 나가 산책을 했다. 날아가는 오색방울새, 시냇가 돌멩이 위에 쌓인 눈, 만발한 층층나무의 하얀 꽃, 서쪽에서 일어나는 뇌우, 가을날 불처럼 타오르는 빨간색 단풍잎들을 보았다. 나는 반복적으로 내가 가지고 있는 고민보다 훨씬 더 광활한 무대로 나아가게 되었다. 나는 걸으면서 큰소리로 필요와 감사에 대한 기도를 올렸다. 은혜의 수단을 드러내는 구속적 종교적 행위로만 제한하는 신학자는 장대한 창조물의 무대에서 소리 없이 말씀하시는 하나님에 대해 뭔가 놓치고 있다.

다섯째, 말씀하시고 행하시는 하나님은 이 모든 은혜의 통로에 생기를 불어넣으신다. 하나님은 설교, 성만찬, 친구들과의 사적인 상담, 말씀 묵상, 창조물, 고난을 통하여 말씀과 성령으로 나를 만나 주셨다. 나는 하나님의 진리의 음성을 들었고 그분을 찾았다. 익숙한 말씀이 내가 현재 겪고 있는 경험과 연결되었고 내가 상상도 하지 못했던 큰 의미와 울림으로 다가왔다. 하나님의 은혜의 새로운 방식이 필요했다. 내가 시편을 몇 번이나 읽었겠는가? 하지만 이제는 마치 시편을 처음 읽는 것 같은 느낌이었다. 나의 믿음은 새로운 방식의 표현이 필요했고 순종은 새로운 옷을 입어야 했다. 이것은 마치 하나님의 약속과 명령을 새로운 언어로 듣는 것과 같았다. 다르지만 익숙한, 오랫동안 믿어 왔지만 예상치 못한 각도에서 삶 속을 파고드는 그런 새로운 언어였다. 이제 내 마음과 정신 속에 거하면서 반복적으로 나를 반겨 준 몇 개의 본문 말씀을 소개하고자 한다. 이 본문들은 기본적인 계시의 말씀이다. 그것들은 나의 약함과 필요를 하나님의 자비, 보호, 능력과 연결시켜 준다.

마태복음 5장 3-10절. 산상 수훈은 예수님의 기조연설이었고 팔복 말씀은 기조 중에 기조가 되는 말씀이었다. 전문의 씨앗이 이 팔복 가운데 있다. 처음 4가지 복에서 축복은 우리가 하나님을 의지하는 약함과 연결되어 있다. 그것은 정직한 필요, 모든 잘못된 것으로 인한 슬픔, 하나님의 목적에 엎드리는 순복, 모든 것을 바르게 하실 것에 대한 갈망이다. 나머지 4가지 복에서 축복은 우리가 세상으로 나아갈 때 필요한 힘과 연결되어 있다. 그것은 능동적 관대함, 목적의 순수성, 건설적인 관계, 담대한 인내다. 예수님은 약함과 강함, 의존과 행동 사이의 비범한 상호작용을 이루는 삶을 살아내셨다. 이것이야말로 진정한 인간의 모습이다. *성령님, 저를 이러한 사람으로 만들어가소서.*

시편 103편. 이 시편 말씀이 얼마나 자주, 얼마나 심오하게 나의 벗이 되고 나를 새롭게 했는지 말로 다할 수 없다. 이 말씀은 나의 필요를 묘사하고 나의 믿음을 이끌어냈다. 또 내 아버지를 필요로 하고 신뢰하며 예배하는 자리로 나의 손을 잡아 이끌었다. 그리고 인간이 가진 죄악, 나약함, 의존성, 죽음을 공유하는 다른 이들을 사랑할 수 있게 도와주었다. 시편 103편은 다채로운 색채의 에베소서 1-3장 말씀을 고대하는 거친 목탄 그림과 같다. "그의 모든 은택"(시 103:2)은 그리스도 안에서 구체화되고 성취된 "모든 신령한 복"(엡 1:3)의 전편이라고 할 수 있다. *내 영혼아 여호와를 송축하라, 그리고 잊지 말지어다.*

시편 119편. 나는 이 시편이 성경의 본질이자 성경 공부를 위한 훈계의 말씀이라고 배웠다. 하지만 내가 이 시편을 배우고 살아 냈을 때 그것이 어떻게 하나님과 이야기하고 무엇에 대해 말해야 하는지 보여 준다는 것을 알게 되었다. 이 시편 말씀은 어떻게 한 개인의 정직함이 자기중심성의 시궁창에서 구원받는지를 표현하고 있다. 말씀, 기도, 그리고 고난이 함께 만난다.

내가 주의 율례들을 지키오리니
*나를 아주 버리지 마옵소서*_시 119:8

고린도후서 1장 4절, 히브리서 5장 2-3절. 내가 직접 경험한 것은 나에게서 끝나지 않았다. 이러한 경험은 나로 하여금 다른 사람들의 씨름을 부드럽게 도와줄 수 있도록 변화시켰다. 이 본문은 가장 기이하고 놀라운 역동성을 보여 준다. 자비와 위로의 하나님이 다스리신 나의 특정 고난은 "모든 환난 중에 있는 자들을 능히 위로"할 수 있도록 나를 준비시켰다(고후 1:4). 필요의 때에 자비와 은혜로 도우시는 주님 앞에서 정직하게 다룬 나의 죄와 약함은 "무식하고 미혹된 자"에게도 잘 사역할 수 있도록 나를 무장시켰다(히 5:2). *예수님, 당신이 나를 상담하신 방식으로 나도 다른 이들을 상담하게 하소서.*

이쯤에서 이야기를 끝맺으려 한다. 내가 겪은 고난의 세월을 쓰자면 온 집의 책장을 다 메워도 부족할 것이다. 고난 중에 나는 자비가 필요함을 배웠다. 고난을 통해 자비를 베푸는 법도 배웠다. 그리스도를 껴안는 살아있는 믿음은 약함의 혹독한 훈련의 장에서 형성된다. 계속 앞으로 나아가는 담대함과 다른 이들을 돌보는 강한 사랑은 씨름의 도가니에서 만들어진다.

나는 어떻게 변했는가? 하나님이 나를 절대 놓지 않으시고 모든 공정한 것에 빛을 비추셨기 때문에 나는 변했다. 그리고 성경이 하나님의 자비, 보호, 능력 그리고 목적에 대해 많은 말씀을 제공했기 때문에 변했다. 또한 많은 친구들이 나를 참아 주었기에 변했다. 그 어떤 설명도 해답도 없는 불확실성 속에서 어둠과 좌절의 길을 걸어야 했기 때문에 변했다. 그리고 안으로 굽으려는 나의 성향을 뒤집어 믿음과 사랑 안에서 계속 바깥으로 표출하려고 했기에 나는 변할 수 있었다.

당신 것으로 만들기

21세기를 살아가는 우리는 성급한 기질을 갖고 있다. 모든 일이 빨리 진행되기를 원하고, 다음 단계로 빨리 나아갈 수 있는 빠른 해답을 바란다. 하지만 하나님은 우리의 영혼이 농사를 짓는 시간과 자녀를 양육하는 시간을 들여 일하도록 계획하셨다. 햇살이 따사로운 늦여름에 먹기 좋은 토마토를 키우는 과정을 서두를 수는 없다. 그리고 한 아이가 멋진 인간으로 성장하는 양육의 과정을 재촉할 수는 없다. 고난의 문제는 '속답'이 없다는 데 있다. 고난은 하나님이 그분의 자녀들을 멋진 인간으로 성장시키시는 과정의 일부분이다. 다음 질문과 본문에 대해 씨름하는 시간을 가져 보라.

당신의 심각한 고난이 당신의 마음에 부어 주시는 하나님의 사랑을 알게 하는 본질적인 역할을 한다는 것은 어떤 의미인가?(롬 5:3-5)

_____

_____

당신의 심각한 고난이 형언할 수 없고 영광으로 가득한 기쁨을 알게 하는 본질적인 역할을 한다는 것은 어떤 의미인가?(벧전 1:3-9)

_____

_____

당신의 심각한 고난이 예수 그리스도의 평안을 알게 하는 본질적인 역할을 한다는 것은 어떤 의미인가?(요 16:33)

_____

_____

당신의 심각한 고난이 더 깊고 지혜로운 사람으로 만드는 본질적인 역할을 한다는 것은 어떤 의미인가?(약 1:2-5)

당신의 심각한 고난이 고난받는 다른 사람들을 진심으로 도울 수 있는 방법을 배우게 하는 본질적인 역할을 한다는 것은 어떤 의미인가?(고후 1:4)

사랑, 기쁨, 평안, 지혜 그리고 차이를 만들어내는 능력. 이것이 멋진 인간으로 성장하는 것의 의미다. 그리고 이것은 당신의 찌꺼기를 태우고 당신의 금을 연단한다는 말의 의미이기도 하다. 당신의 인생길에서 "불같은 시험"을 통과하는 방식이 모든 차이를 만들어낸다.

7
네 인생 끝 날까지 나의 사랑을 나타내리라

지금까지 봐왔던 모든 것은 나이가 들어서도 계속 적용된다. 매우 놀라운 일이 아닐 수 없다. "얼마나 견고한 토대인가"의 지은이 역시 늙어가면서 마주하게 되는 어려움을 언급하며 인간의 상태에 대해 민감하게 다루고 있다.

> 나의 모든 백성이 노년에 이르기까지
> 나의 통치, 영원함, 그리고 변함없는 사랑을 증거하리라
> 그리고 그들의 흰머리가 머리를 덮을 때
> 그들은 여전히 어린 양처럼 나의 품속에 안기리라

노년에 이르기까지

이미 흰머리가 "머리를 덮은" 독자라면 왜 고난을 위해 지어진 찬송가에 늙어가는 것에 대한 내용이 포함되어 있는지 100% 공

감할 것이다. 70세 이상 나이를 먹은 사람들은 대체로 이런 식의 말을 한다. "늙어가는 것은 웬만한 강심장이 아니면 이겨낼 수 없다." 하나님은 우리를 겁먹게 하는 것에 동요하지 않으신다. 그분은 심약한 자들을 격려하심으로 어떻게 서로를 격려해야 하는지 가르치신다.

오랜 세월을 살아가는 독자들은 상실과 장애의 산사태를 경험하게 될 것이다. 그러다 보면 당신이 사랑하던 이들(부모님, 친구들, 배우자, 심지어 자녀나 손주들)보다 더 오래 살게 되는 경우도 있다. 직장에서나 다른 생산적인 일을 하는 현장에서 쓸모를 인정받지 못하게 되고 돈조차 다 떨어질 수 있다. 그리고 현 상황과 동떨어진 나머지 더 이상 현재 벌어지고 있는 일에 참여하지 못하게 된다. 모든 신체적 시스템이 마비됨에 따라 건강을 잃게 될 것이다. 스스로 걷고 화장실에 가고 먹는 능력도 떨어질 것이다. 당신의 기억과, 그리고 마지막에는 생각을 정리하고 당신이 원하는 방식으로 다른 이들과 교제하며 심지어 당신이 누구인지 기억하는 능력마저 사라지게 될 것이다. 오래 살면 살수록 세상적으로 좋은 모든 것을 잃게 된다. 그리고 결국 생명을 잃게 될 것이다. 마지막 원수가 여지없이 우리를 죽음에 이르게 한다.

이 찬송가는 나이를 먹는 것, 흰머리와 같이 겉으로 드러나는 노화 현상만을 언급하고 있다. 하지만 이러한 암시는 나약함과 고난, 끝내는 임박한 죽음의 이야기로 귀결된다. 이러한 맥락에서 하나님은 나이 든 백성에게 그분의 "통치, 영원함, 그리고 변함없는 사랑"을 증명하시기 위해 부드럽게 또 끊임없이 약속하신다. "여전히 어린 양처럼 나의 품속에 안기리라." 하나님은 부드럽게 무력한 자들을 안으신다. 나이 든 이가 안겨서 움직여야 하는 갓 태어난 어린 양이 되다니 정말 사랑스러운 비유이지 않는가? 노년은 점점 갓난아이의 무력함과 한계를 닮아가는 듯하다.

나의 귀한 친구는 인생에서 많은 상실감을 경험했고 최근에 슬픈 일이 하나 더 늘었다. 암으로 받은 안면 수술이 얼굴을 흉측하게 만든 것이다. 그녀는 하소연하듯 자신의 슬픔에 대해 이야기했다. "붕대를 풀면 흉터가 있을 거라 생각도 못했어요. 거울을 보니 속이 상하더군요. 또 하나를 잃었어요. 암이 재발할지 너무 불안해요. 게다가 사람을 잃고 소외감을 느껴요. 평범한 일상생활과 사회생활을 잃어버린 느낌이에요." 그 친구는 분명한 믿음을 가진 여인이었기에 상실이 주는 고통에 대해 솔직했다. 하지만 하나님은 그녀에게 마지막 결정적 말씀을 주셨다. "내가 너를 안고 절대 놓지 않을 것이라." 이 찬송가가 전하는 하나님의 음성이야말로 가장 깊은 위로가 아닐까 생각한다. 그분은 처음과 마지막에 말씀하시는 분이다. 그러므로 이 중간에 있는 모든 것은 (그분은 이에 대해 우리가 할 말이 많으리라고 예상하신다) 그분의 통치, 영원함, 그리고 변함없는 사랑에 닻을 내리고 있다.

목자와 함께 있는 어린 양처럼

상실의 고통 중에 하나님은 누구를 믿어야 할지, 무엇을 신뢰해야 할지, 또 무엇을 말해야 할지를 가르치신다. "내가 너와 함께한다. 내가 너와 함께한다. 내가 너와 함께한다." 이 지혜롭고 목회적인 찬송가 각 절마다 뿌리내리고 있는 핵심 약속을 되짚어 보라. 각 절은 본질적으로 같은 말을 반복하고 있는데 다른 세부사항을 제공하고 새로운 적용점을 제시하며 하나님의 무궁무진한 임재, 지혜 그리고 사랑의 다른 뉘앙스를 떠올리게 하는 신선한 비유를 사용한다.

시편 23편 4절을 보면 성경의 그 어떤 본문보다 고난받고 죽어가는 사람을 위한 더 많은 위로를 제공한다.

> 내가 사망의 음침한 골짜기로 다닐지라도
> 해를 두려워하지 않을 것은
> 당신이 나와 함께하시기 때문입니다._저자 번역

이 찬송가 전체를 통해 하나님은 그분의 시점에서 같은 진리를 계속 말씀해 주고 계셨다. 이는 4절에서 믿음으로 "당신이 나와 함께 계십니다"라고 말할 수 있게 한다. 믿음은 우리로 잘 듣게 하고, 신뢰하는 것을 하나님께 되돌려 드리게 한다.

이 문제를 제기하는 이유는 시편 23편 4-5절 말씀의 다른 세부사항들 때문이다. 주님이 계신 집으로 가는 길은 깊은 어둠을 통과해야 하고 많은 악한 것과 원수를 대면해야 한다. 늑대에게 쫓기는 양처럼 다윗은 삶의 대부분을 수많은 죽음의 위협 아래 살았다. 우리 모두와 마찬가지로 다윗은 죽음이 기다린다는 사실을 알고 살았다. 이 사실은 나이가 들어가는 고난에 강력하게 적용될 수 있다. 죽음이 점점 가까워 온다. 나이가 든다는 것은 질병, 상실감, 약함, 무력함, 무가치함과 같은 수많은 죽음의 그림자를 드리운다. 사실 생각해 보면 당신이 젊든 늙었든 모든 형태의 심각한 고난, 모든 악함은 어느 정도 죽음의 쓴맛을 맛보게 한다. 이에 대해 생각해 볼 필요가 있다. 시편 90편 12절은 현실을 직시하며 지혜에 머물게 한다.

우리에게 우리 날 계수함을 가르치사
지혜로운 마음을 얻게 하소서

늙어가는 것에 대해 생각하면 우울한가? 그렇지 않다. 물론 정신이 번쩍 들기는 하지만 말이다. 당신의 날에 정해진 한계가 있다는 것을 깨달으면 잘 살아가는 방법을 배울 수 있다. 자신의 한계를 생각할 때 우울해지는 것은 예수 그리스도와 함께 생각하지 않기 때문이다. 현실에서 생명은 최후 승리를 얻게 될 것이다. 생명과 기쁨이 죽음과 절망을 물리칠 것이다.

시편 기자가 "사망의 음침한 골짜기로" 다닌다고 말한 것은 단순히 은유적으로 표현한 것이 아니다. 그리고 "해를 두려워하지" 않는다는 것은 모호한 일반론을 의미하지 않는다(시 23:4). 음침함과 해는 사람마다 다르다. 이것이 당신의 심각한 고난이 된다. 하나님의 은혜가 당신의 고난에 이르기를 바라는 것은 단순히 이론적인 것 그 이상이다. 고난을 겪을 때 당신은 즉각적으로 필요를 느끼게 된다. 그림자가 당신을 향해 손을 뻗어 당신을 덮어 버릴 때 내면의 논리는 죽음에 대해 속삭이거나 소리친다. 이때 하나님이 말씀하신다. "나는 여기에 너와 함께 있다."

"나는 어떤 해도 두렵지 않아"라고 솔직하게 말할 수 있는가? 당신 삶의 특정한 죄악과 고난에 대해 이와 같이 단언할 수 있는가?

이는 그렇게 말할 수 있는 이유를 제공하시는 하나님의 음성을 듣고 있는가에 달려 있다. 생명의 하나님이 실제적으로 당신과 함께하시고 갓 태어난 어린 양처럼 당신을 안고 가신다면 당신은 그 어떤 고난에서도 담대할 수 있다. 이것이 인생의 흥망성쇠와 고통스러운 씨름 가운데서 당신이 분투하며 나아가야 할 목적지다. 그리고 만약 하나님이 당신에 대한 절대적 신실하심을 맹세하신다면, 깨지지 않는 사랑으로 마지막까지 선하게 인도하신다면, 당신은 어떠한 어려운 길도 걸어갈 수 있는 힘을 얻을 수 있을 것이다.

당신은 매우 어려운 길을 걸어가야만 한다. 죽음은 우리가 가는 길에, 심지어 아주 어린아이들에게도 수많은 메시지를 보낸다. 하지만 목자의 음성을 듣는다면 담대할 수 있다. 그 음성을 들으면 견딜 수 있고 끔찍한 전쟁 속에서도 선한 싸움을 할 수 있다. 그 음성을 들으면 당신이 구원받아야 할 필요성을 느끼게 될 것이다. 그 전쟁 속으로 들어가기 위해, 전쟁을 통과하기 위해, 결국 전쟁터에서 벗어나기 위해 하나님의 품에 안겨야 함을 알 수 있을 것이다. 선한 목자의 음성을 들으면 살 수 있다.

나의 이야기

어머니는 3년 동안 힘든 투병생활을 하시다 2015년 향년 94세로 돌아가셨다. 혈관성 치매는 힘든 상대였다. 뇌졸중은 점진적으로 언어 능력과 자기 인식 능력을 잠식시켜 갔다. 이 때문에 어머니는 점점 더 혼란에 빠지셨다. 이와 같은 시기에 어머니는 왼쪽 눈, 뺨, 관자놀이, 이마에 생긴 결석으로 인해 손 쓸 수도 없는 미칠 듯한 고통에 시달리셔야 했다. 이렇게 고령에 겪는 시들어가는 상실은 어린이들이 점점 더 번성하며 자라나는 것의 정반대의 현상이다. 어머니와 우리가 겪은 어려움 중 하나는 어머니의 신체적 어려움이 한 가지로 딱 정해져 있지 않다는 점이었다. 능력 장애 척도에서 어머니의 증상은 예측불허였다. 어느 날은 잠깐 안정되다가도 다시 장애 쪽으로 서서히 기울다가 곤두박질쳤다. 그와 동시에 어머니의 한계 상황이 점점 늘어나면서 자신의 한계에 적응하는 능력마저도 사라지게 되었다. 강인한 자가 늙어가는 것을 받아들일 수 있고, 담대한 자가 노인을 돌볼 수 있다. 하지만 나이가 많든 적든 우리 모두는 마음이 약하다.

하나님은 어머니에게 진정한 위로를 더하셨지만 모든 것을 더 낫게 해주시지는 않았다. 어머니는 그리스도인으로서 마지막까지 성경이 주는 약속의 말씀에 반응하셨고, 이 말씀은 점점 짧아져 한 구절이 되었다가 그마저도 "어머니는 혼자가 아니에요. 예수님이 함께 계세요"라는 의미의 단순한 문구로 줄어들었다. 어머니는 자신을 위해 기도하는 것을 기꺼이 받으셨고 이마저도 구체적인 한 마디의 말을 사용하는 짧고 단순한 문장으로 대체되었다. 언어 기능이 확연하게 떨어진 후에도 어머니는 익숙한 찬송가를 듣고 최선을 다해 따라 부르려고 애쓰셨다. 우리와 함께하는 것도 반기셨다. 인간의 손길을 통해 하나님은 어머니의 약함 중에 자신의 어린 양을 돌보고 안으셨다.

밝은 점이 점점 작아지고 어둠이 커져갔지만 하나님은 어머니와 동행하셨다. 어머니의 믿음, 겸손 그리고 사랑이 불완전한 것으로 남은 것은 놀라운 일이 아니다. 우리를 끊임없이 괴롭히는 죄와의 싸움은 사라지지 않는다. 이러한 전쟁은 유혹의 새로운 조건 하에 새로운 형태로 변한다. 어머니가 다니시던 교회는 기꺼이 필요를 인정함으로 자연스럽게 하나님과 다른 이들에게 도움을 요청할 수 있는 문을 열어 주는 시편과 팔복의 역동성을 양육해 주지 못했다. 우리 대부분은 '나 혼자 할 수 있어. 도움은 필요하지 않아'라고 생각하는 경향이 있다. 이렇게 도움을 구하지 않으려는 고집과 거부는 어머니를 무력감에 빠지게 만들었다. 그리고 한계를 인정하는 것을 더 어렵게 만들었다. 그래서 어머니는 불완전한 상태로 남았다. 하지만 이것 또한 자비 가운데 있었다.

어머니가 혼란스럽거나 괴로울 때, 육신의 자녀들의 손길과 그리스도의 사랑을 상기시키는 것을 통해 (항상 그렇지는 않았지만) 많은 경우 진정시킬 수 있었다. 내가 마지막으로 어머니와 작별 인사를 나눴을 때 어머니는 내가 떠나야 한다는 개념을 이해하지 못하셨다. (어머니는 하와이에, 우리는 필라델피아에 살고 있었다.) 이때 어머니는 어린아이같이 현재의 순간에만 머물러 있었다. 어머니의 감정적 반응은 급속하게 둔해지고 단조로워졌다. 하지만 하나님은 우리에게 형언할 수 없이 행복한 시간도 허락하셨다. 나는 어머니와 뺨을 맞대고 "엄마, 사랑해요"라고 말했다. 어머니는 놀랄 만큼 맑은 정신으로 활기를 띠며 나에게 말씀하셨다. "나도 사랑한다, 아들." 여전히 귓가에 어머니의 말이 맴돌아 이 이야기를 쓰는 지금도 눈시울이 붉어진다. 마지막 단계에서도 기쁘고 심지어 우스운 순간들이 있었다. 어머니가 돌아가시기 몇 달 전, 일요일 오후에 동생들과 함께 유튜브로 친숙한 찬양을 틀어 놓고 같이 부르고 있었다. 찬양 소리에 어머니가 얼마나 정신이 번쩍 드셨는지 나중에 동생이 "엄마 수명이 6개월은 더 연장된 것 같아!"라고 말할 정도였다.

이제 와서 돌아보니 어머니가 마지막 때에 '자발적인' 믿음의 능력을 잃어버리셨는지 의문이 든다. 확실히 자기 인식은 잃어버린 상황이었다. 그렇다면 의식적으로 하나님을 묵상하고 마음에 진리의 말씀을 새기며 그분을 향한 내적 반응을 표출하는 능력도 잃어버리셨을까? 결국 어머니의 믿음은 사랑하는 사람이 제시하는 말씀, 찬송가, 기도에 대한 반응, 즉 불분명한 마음에 임재하신 성령의 반사반응일 뿐이었을까? 답은 알 수 없다. 하지만 묵상하고 스스로 반응하는 능력은 잃어버리셨을 것이라 생각된다.

"내가 약한 그때에 강함이라"(고후 12:10). 마지막으로 어머니가 쇠하셨을 때는 수치로 나타낼 수 없을 정도로 무능력해지셨다. 어머니는 지극히 약한 지체이셨지만 남아 있는 우리 가족에게 없어서는 안 되는 존재였다. 한 지체가 고통을 받으면 모든 지체가 함께 고통을 받으며 어머님을 위한 보호와 돌봄이 그리스도의 몸 안에서 서로 협력하여 성스럽게 변화된 모습으로 드러났다(고전 12:22-26). 의식적으로 믿음을 표현할 수 있는 것은 가치 있는 선물임이 분명하다. 하지만 그렇게 하지 못할지라도 세상적인 지혜와 주제넘는 능력을 부끄럽게 하기 위해 어리석음과 약한 것을 선택하시는 천국의 구세주의 사랑을 막을 수 없다.

어머니의 삶과 죽음의 모든 과정은 그리스도의 은혜의 승리이자 눈물의 계곡이었다. 카타리나 폰 슐레겔은 이를 잘 표현하고 있다.

내 영혼아 잠잠하라
변화와 눈물이 지날 때,
끝내 우리는 모든 안전과 축복을 만나게 되리

당신 것으로 만들기
시편 90편 1-11절 말씀은 주님의 영원하심과 우리의 피할 수 없는 죽음의 의미를 묵상하게 한다. 우리는 죄를 짓고 진노에 놓이게 되며 결국 죽는다. 그러나 주님은 우리의 거할 곳이요 소망이 되신다. 다음 본문은 주님을 향해 독특한 요청을 한다.

> 우리에게 우리 날 계수함을 가르치사
> 지혜로운 마음을 얻게 하소서_시 90:12

당신도 하나님께 이렇게 요청해 보지 않겠는가? "나에게 나의 날 계수함을 가르치사 지혜로운 마음을 얻게 하소서." 이러한 당신의 요청에 하나님은 어떻게 응답하시는가?

_____

_____

언젠가 당신은 죽는다. 생일은 알지만 죽는 날은 그날이 올 때까지 절대 알 수 없다. 임박한 당신의 죽음이 어떤 의미로 다가오는가? 사람들은 대체로 이 주제를 요령껏 피하거나 끈질기게 현실을 부정하며 살아간다. 하지만 하나님은 이에 대해 생각해 보기를 원하신다. 인생에서 유일하게 분명한 것은 죽음이 당신의 마지막 원수라는 사실이다. 죽음이야말로 당신이 겪게 될 가장 중요하고 명백한 고난이다. 언제인지 모르나 미래에 죽음이 당신을 기다리고 있다.

그러나 하나님의 은혜는 과거, 현재, 그리고 가장 중요하게 미래에 겪을 당신의 고난 중에 역사하고 있다. 하나님이 직접 미래에서 당신의 죽음을 넘어 기다리고 계신다. 수치화할 수 없을 정도의 무능력함 가운데서도, 죽는 그 순간에도, 당신은 어린 양처럼 그분의 팔에 안겨 그분의 집으로 들어가게 될 것이다.

이를 어떻게 알 수 있을까? 하나님의 은혜는 당신이 피할 수 없는 죽음에 이미 행하신 일로 드러났다. 당신은 죄를 짓고 진노에 놓이게 되며 죽는다. 그런데 죄가 없으신 하나님의 아들이 진노에 놓이셨고 당신을 대신하여 죽으셨다. 그리고 그분은 다시 살아나셨다. 이 예수 그리스도가 살아계시기에 당신도 그분 안에 살아있다. 예수님의 아버지가 당신의 아버지 되시고 당신을 그분의 자녀로 삼으셨다. 성령님이 당신의 눈을 여셔서 "그의 힘의 위력으로 역사하심을 따라 믿는 우리에게 베푸신 능력의 지극히 크심이 어떠한 것을 알게 하시기를" 구하라. "그의 능력이 그리스도 안에서 역사하사 죽은 자들 가운데서 다시 살리시고 하늘에서 자기의 오른편에 앉히"셨다(엡 1:19-20). 우리는 어쩔 수 없이 죽어야 한다는 것과 그 끔찍한 이유를 안다면, 예수님의 죽음과 부활, 그리고 성령님을 보내심은 역사상 가장 중요한 연속적인 사건이라고 할 수 있다. 이는 생명을 지으신 이를 죽이는 것(행 3:15), 죄악 중의 죄악을 저지르는 것, 심판의 날이 도래하는 것, 그리고 하나님의 어린양의 희생을 의미했다. 그다음에 일어난 사건은 우주의 창조 질서에 따른 것으로 하나님이 성령의 능력으로 죽은 자 가운데서 그를 살리신 것이다(행 3:15). 그리고 그분은 생명을 주시는 성령님을 보내셨다.

하나님이 당신을 그리스도로 일깨우시고 그분과 하나 되게 하실 때, 우주의 창조 질서에 따라 한 가지 일을 더 행하셨다.

> 어두운 데에 빛이 비치라 말씀하셨던 그 하나님께서 예수 그리스도의 얼굴에 있는 하나님의 영광을 아는 빛을 우리 마음에 비추셨느니라
> 우리가 이 보배를 질그릇에 가졌으니 이는 심히 큰 능력은 하나님께 있고 우리에게 있지 아니함을 알게 하려 함이라 우리가 사방으로 욱여쌈을 당하여도 싸이지 아니하며 답답한 일을 당하여도 낙심하지 아니하며 박해를 받아도 버린 바 되지 아니하며 거꾸러뜨림을 당하여도 망하지 아니하고 우리가 항상 예수의 죽음을 몸에 짊어짐은 예수의 생명이 또한 우리 몸에 나타나게 하려 함이라 …
> 우리가 잠시 받는 환난의 경한 것이 지극히 크고 영원한 영광의 중한 것을 우리에게 이루게 함이니_고후 4:6-10, 17

모든 능력과 영광 그리고 생명을 뛰어넘는 것이 이미 당신 안에서 역사하고 있다. 하지만 현재의 고난과 고민, 고통, 심지어 죽음까지도 현재 역사하시는 영광에 촘촘히 짜 맞춰진다는 것이 놀랍지 않은가? 결국 불멸이 마지막 승전가를 부르겠지만 아직은 아니다. 그리스도는 죽음으로 당신의 삶이 끝나지 않고 도리어

생명을 향해 죽을 수 있게 하기 위해서 당신의 인생을 다시 쓰신다. 그분은 당신과 동행하시지만 여전히 당신은 그분이 계신 곳으로 가기 위해 죽음의 골짜기를 걸어야 한다. 부활은 복음의 핵심이다. 부활은 당신을 구원자와 연합하게 하는 성령님의 선물이다. 부활은 결국 생명이 승리하게 되는 이유이며 당신의 인생이 헛되지 않는 이유가 된다.

시편 90편 12-17절은 요청 세례로 마무리된다. "우리 날 계수함을 가르치사", "여호와여 돌아오소서" "우리의 손이 행한 일을 우리에게 견고하게 하소서"(시 90:12, 13, 17). 시편 90편 전문을 천천히 읽어 보길 권한다.

예수 그리스도의 부활, 성령님의 선물, 우리의 구원, 왕의 재림이 어떻게 이 모든 요청을 성취하는지 마음에 새겨 보라. 이러한 성취는 부활에서부터 시작된다. 저주가 반전되었다. 그리고 당신의 손이 행한 일이 견고해질 것임을 안다면, "내 사랑하는 형제들아 견실하며 흔들리지 말고 항상 주의 일에 더욱 힘쓰는 자들이 되라 이는 너희 수고가 주 안에서 헛되지 않은 줄 앎이라"(고전 15:58).

8
나는 절대 너를 버리지 않으리라

살면서 우리는 많은 고난과 우리의 안위를 해치는 대적을 맞닥뜨리게 된다. "얼마나 견고한 토대인가"의 마지막 절은 우리의 궁극적 원수의 정체를 드러낸다. 포식자가 우는 사자처럼 어슬렁거리며 당신을 노리고 있다. 과연 누가 승리할 것인가?

> 예수님께 기대어 쉼을 얻는 영혼
> 나는 절대, 나는 절대 그를 원수 속에 내버려 두지 않으리라
> 모든 지옥이 그 영혼을 흔들려고 애쓸지라도
> 나는 결코, 결코, 결코 버리지 않으리라

마지막 원수

이 책의 초반부에 당신은 삶에 일어난 몇 가지 심각한 고난을 꼽아 봤다. 그리고 이를 염두에 두고 이 찬송가를 한 절 한 절 살펴봤다.

하지만 이와 동시에 우리는 한계에 도전하며 전쟁의 영역을 넓혀갔다. 바로 전 장에서 우리는 죽음이라는 '마지막 원수'의 관점에서 고난을 집중 조명해 보았다. 또 그 전 장에서는 '내면의 적'에 대해 이야기하면서 어떻게 우리의 죄가 고난의 한 형태가 되는지 살펴봤다. 그리고 이 마지막 절은 다시 한 번 한계에 도전한다. 당신은 지옥에서 오는 적들과 사탄에 맞서고 있다. 당신이 죽을 것이라는 사실은 비인격적인 통보가 아니다. 그것은 살인자의 개인적인 적대감을 나타낸다. 어둠의 군주는 죄와 죽음의 아비이며 외부에서 오는 마귀와 우리 내면에서 오는 마귀의 모든 측면을 보여 주는 화신이다.

우리를 쫓아오는 지옥에서 온 적들에 대해 이 찬송가는 성경에서처럼 공포나 판타지 소설, 영화, 게임이 아닌 현실을 이야기한다. 평범한 매일의 삶에 죽음의 그림자가 드리워져 있고 우리는 사탄의 권세 아래 살아간다. 늘어가는 흰머리와 생일 초의 수가 포식자가 가까워 온다는 사실을 증언한다. 사탄은 죄인들을 비난하고 죽인다. 그는 죽음의 권세를 잡은 자다(히 2:14). 또 자신의 정체를 가장 잘 먹히는 공포, 판타지, 미신의 탈 뒤에 숨긴다. 그리고 눈에 보이는 것보다 악에 별다른 것이 없다는 환상을 심어 준다. 사탄은 사람들이 그를 믿고 귀신을 떠올릴 때 번성한다. 또한 사람들이 그의 존재를 믿지 않고 그를 과도한 상상력에서 비롯된 허구일 뿐이라고 치부할 때 승승장구한다. 사탄은 자신을 전쟁의 안개 속에 숨긴다. 그래서 전혀 의심하지 않는 사람들은 어떤 식으로 나타나든지 간에 사탄이 죽음에 깊이 연루되어 있음을 알아채지 못한다.

지옥의 세력을 소환할 때 이 찬송가의 저자는 (앞서 말했듯이 성경 말씀과 마찬가지로) 사탄을 숭배하는 충격적인 이야기가 아닌, 실제로 편만한 현실에 대해 이야기하고 있다. 그는 수천 가지의 형태로 나타나는 죄, 불신, 아집을 언급하며 흔히 겪는 고난, 고통 그리고 상실에 대해 말한다. 평범한 죄의 공정하고 정직한 대가는 평범한 사망이다(롬 6:23). 사탄은 우리의 죄를 가지고 교묘하게 행하는 거짓말쟁이이자 미혹하는 자다. 그리고 우리의 고난을 가지고 교묘하게 행하는 살인자이자 고문관이다. 사람들이 자신의 존재를 믿는지 안 믿는지는 크게 중요하지 않다. 그는 꿈 같은 이야기나 냉소주의 뒤에 기꺼이 자신의 진짜 악한 모습을 숨긴다. 그래서 사람들은 그가 어떤 형태로든 불신의 죄에 깊게 관여하고 있음을 알아채지 못한다.

당신은 더 깊고 어둡고 치명적인 세상에서 심각한 고난을 겪는다. 내면의 적, 마지막 원수인 죽음, 그리고 사탄 이 세 가지 모두 우리 각 사람을 심각한 고난으로 몰아가고 인간의 상태를 특징짓는다. "온 세상은 악한 자 안에 처한" 것이다(요일 5:19). 우리는 노예의 세상에 살고 있다. 어두운 죽음의 세상이다.

하지만 당신은 모든 어둡고 치명적인 것보다 더 심오한 계획과 부르심 안에 존재하는 세상에서 고난을 겪는다. 악의 드라마는 선한 것의 계시, 복음의 더 심오한 드라마를 불러온다. 하나님의 거룩한 공의와 희생적 사랑은 어둠의 단계에서 펼쳐진다. 하나님이 모든 원수를 최후의 심판대에 세우실 것이다. 그분이 당신과 나에게 완전히 대가 없는 자비를 베푸셨다. 우리가 무기력하고 하나님을 부인할 때, 여전히 죄인이면서 그분을 대적했던 우리를 위해 그리스도가 죽으셨다. 이제 당신은 자유다. 주님 안에서 당신은 빛이다. 그렇기에 당신은 살 수 있다. "우리는 하나님께 속하고 … 우리가 참된 자 곧 그의 아들 예수 그리스도 안에 있는 것이니 그는 참 하나님이시요 영생이시라"(요일 5:19-20).

만약 당신이 예수님께 기대어 쉼을 얻고자 하면 당신은 살 것이다. 여기서 쉼이란 단순히 평안과 고요함 속에 느끼는 휴식 상태를 의미하지 않는다. 이 말의 원래 의미는 전적으로 의지하고 의존하며 능동적으로 당신의 삶의 무게를 예수님께 올려놓는다는 것이다. 당신의 전적인 믿음, 확신, 신뢰를 그분께 드려라.

> 너는 마음을 다하여 여호와를 신뢰하고
> 네 명철을 의지하지 말라
> 너는 범사에 그를 인정하라
> 그리하면 네 길을 지도하시리라_잠 3:5-6

마지막 약속

이 찬송가의 마지막 절은 당신이 과거에 겪었던, 현재 겪고 있는, 미래에 겪게 될 것이 무엇이든지 간에 당신을 자유케 하고 두려움 없이 만드는 것을 목표로 한다. "**나는 너를 절대 버리지 않으리라.**" 하나님은 당신이 인정할 때까지 계속해서 말씀하신다. 이 마지막 절은 성경의 또 다른 핵심 약속들과 함께 우리를 세상으로 파송한다. 사실 이 절은 하나님이 종종 연결시키시는 두 가지 약속과 두 가지 명령의 사중주를 완성한다고 할 수 있다. "내가 너와 함께 있다. 두려워하지 말라. 강하고 담대하라. 나는 절대 너를 버리지 않으리라."[1] 첫 번째 약속과 두 가지 명령은 이미 전 장에서 살펴봤으니 마지막 약속으로 대미를 장식해 보자.

"**나는 너를 절대 버리지 않으리라**"라는 약속으로 마무리하는 것은 특별히 더 적절하다고 생각한다. 고난을 겪는 사람들은 나름의 타당한 이유로 미래에 대한 불안감을 느낀다. 어떤 악은 그냥 사라지지 않는다. 이전 장에서 다뤘던 심각한 대적들은 이해할 수도 관리할 수도 통제할 수도 없다. 그림자는 배가 되고 더 어두워져만 간다. 밤이 오고 있는 것이다. 그래서 이 위로의 말씀은 미래를 바라본다. 이 말씀은 두려워하고 낙담하고픈 유혹에 정면으로 선포된다.

어떻게 하나님의 말씀이 당신에게로 밀려 들어와 당신의 마음을 가볍게 하는지 느껴 보라. 이 찬송가는 점점 더 강하게 울려 퍼진다. 고난, 고통, 악함, 위험에 대한 우리의 인지는 꾸준하게 고조된다. 하지만 그것과 함께 하나님의 강력한 사랑이 역사하고 있음을 인지하는 것 또한 강화된다. 죄, 괴로움, 죽음이 편만하지만 은혜, 기쁨 그리고 생명이 훨씬 더 풍부하다. 자비가 최후 승리를 얻게 될 것이다.

하지만 우리는 쉽게 겁을 먹는다. 많은 세력이 우리를 실패하게 하고 무장해제시킨다고 느낀다. 이러한 세력은 우리를 흔들어 놓고 즉각적인 상처를 입힌다. 그렇다면 하나님의 구원하시는 음성은 단순히 말뿐인가? 성경이 하는 말씀은 다 사실인가? 만약에 끔찍하게 두려운 일이 순차적으로 일어난다면 어떨까? 이 찬송가의 저자는 쉽게 낙담하는 우리의 취약성을 잘 알고 있다.

나는 결코, 결코, 결코 버리지 않으리라
나는 결코, 결코, 결코 버리지 않으리라

당신이 형제자매들과 함께 이 찬송가를 불러 본 적이 있다면 이 마지막 구절은 강력한 승리의 메시지로 다가올 것이다.

성경 말씀 곳곳에서 하나님은 분명하게 약속하신다. "내가 너를 버리지 아니하리니"(수 1:5 참조). 이 약속의 말씀을 찾기 시작하면 이 같은 진리를 백 가지 다른 방식으로 표현하고 계심을 알 수 있을 것이다. "하나님은 신실하시다", "그 인자하심이 영원하심이로다", "주님은 나의 피난처시요"와 같이 동일한 주제를 다양한 변이로 표현한다. 하나님이 자신에 대해 하시는 말씀을 그분의 대변인이 그분에 대해 선포하는 형식이다. "**그가 너를 버리지 아니하실 것임이라**"(신 31:6, 8 참조). 그러므로 그분의 자녀라면 당당하게 자신의 고난과 괴로움 중에 그분께 부르짖을 수 있다. "나를 버리지 마소서!" 재차 말하지만 들음으로 우리는 믿고 말한다. 성경에서 이러한 역동적이고 구체적인 예들을 찾는 것은 그리 어렵지 않다. 나이가 들어 쇠약함, 고통, 장애, 노화로 인한 상실감의 고난을 겪고 있는가? **"나를 버리지 마소서"**(시 71:9, 18). 관계에서 겪는 강력한 적대감을 대면하는 가운데 당신을 보호해 줄 누군가가 없어 외롭고 다리에 힘이 풀리는가? **"나를 떠나지 마소서"**(시 27:9-10). 당신의 죄 때문에 하나님이 당신을 버리실 것 같아 낙담하고 있는가? **"나를 아주 버리지 마옵소서"**(시 119:8). 당신의 죄와 다른 이들의 적대감으로 인해 이중으로 고난을 받고 있는가? **"나를 멀리하지 마소서"**(시 38:17-21).

우리의 찬송가는 하나님이 말씀하시는 "버리지 않겠다"라는 말씀에 "결코"라는 말을 연속으로 6번 반복한다. "나는 결코, 결코, 결코—결코, 결코, 결코 너를 버리지 않겠다." 단순히 두 번 정도 말하는 것에 그치지 않고 6배나 되는 능력의 약속이다. 이는 하나님의 사랑의 강력함과 승리를 들을 수 있게 하는 목회적 지혜라고 할 수 있다. 당신은 버림받지 않을 것이며 혼자 남지 않을 것이다. 그분이 당신을 결코 포기하지 않으실 것이기 때문이다.

이것을 절대 잊지 말라. 절대 잊지 말라. 절대, 절대, 절대 그분이 당신을 버리지 않으실 것을 잊지 말라.

나의 이야기

예배, 설교, 성도와의 교제는 누적 효과가 있다. 나는 40년 이상 예수 그리스도의 신자로 살면서 많은 설교를 듣고 많은 찬송, 캐롤, 노래들을 불렀다. 성찬식도 많이 해봤다. 많은 대화를 나누었고 많은 기도를 했다. 하지만 특정 설교나 예배, 아니면 기도의 때가 생생하게 기억나지는 않는다. 대부분은 오랜 세월의 경험을 합친 어린 시절의 인상처럼 기억의 덩어리로 혼합된다.

하지만 매우 선명하게 기억나는 순간들이 있다. 1970년대 후반에 들은 로마서 8장 26절에 대한 설교는 절대 잊지 못할 것이다. 본문은 "성령도 우리의 연약함을 도우시나니"였다. 정확한 요점을 기억한다. "우리의 연약함이 복수가 아닌 단수로 쓰였음을 주목해 보십시오. 바울은 마치 리스트를 작성하듯 연약함들이라고 쓰지 않고 우리의 본질적인 특징을 규정하는 의미에서 연약함이라고 단수로 쓰고 있습니다. 우리 자체가 연약함입니다. 우리는 죄성 때문에 연약합니다. 우리는 쉽게 깨지고 결국 죽기 때문에 연약합니다. 그래서 우리는 하나님 아버지의 사랑이 필요합니다. 우리를 구원해 주실 예수 그리스도가 필요합니다. 우리를 도우시고 살리시는 성령님이 필요합니다. 그리고 그분은 그렇게 행하십니다."

시편 40편은 이와 비슷한 요점을 피력하며 좀 더 생생한 세부적인 요소들을 가미한다. 다윗은 하나님에 대한 자신의 견해를 다음과 같이 요약한다.

여호와여, 당신은 당신의 긍휼을

내게서 거두지 않으시겠지요.

주의 인자와 신실하심이

나를 날마다 보호하실 것입니다!_시 40:11, 저자 역

그리고 다윗은 자기 자신에 대한 견해를 다음과 같이 요약한다.

나는 가난하고 궁핍하오나

주께서는 나를 생각하시오니

주는 나의 도움이시요 나를 건지시는 이시라

나의 하나님이여 지체하지 마소서_시 40:17

"당신은"과 "나는", 이 두 단어는 근본적인 현실을 담고 있다. 당신의 인생 각본을 다시 쓰는 이중 진리라고 할 수 있다.

당신 것으로 만들기

우리는 멀리 왔다. 우리가 다룬 찬송가를 다시 한 번 찬찬히 읽어 보기를 권한다. 그리고 당신에게 말씀하시는 하나님께 반응해 보라. "오 반가운 성도여"의 라틴어 버전 "아데스테 피델레스"*Adeste Fideles*에 맞춰 불러 보고 마음에 새기라. 기도하고 신뢰하고 감사하라.

주님의 성도들이여, 그분의 놀라운 말씀 안에서
여러분의 믿음을 위하여
얼마나 견고한 토대가 쌓여 있는가!
피난처 되신 예수께 피한 당신에게
그분이 당신에게 이미 말씀하신 것 외에
더 이상 무엇을 말할 수 있겠는가?

"두려워 말라, 내가 너와 함께하니, 오 놀라지 말라
나는 너의 하나님이며 여전히 너를 도울 것이라
내가 너를 강하게 하고 도와서 견고히 서게 하리라
나의 의롭고 전능한 손으로 너를 붙들리라"

"깊은 물 가운데로 내가 너를 보낼 때
슬픔의 강이 넘쳐나지 못하리라
내가 너와 함께하고 너의 환난을 축복이 되게 하며
가장 깊은 괴로움을 깨끗이 씻어 줄 것이라"

"불같은 시험들 가운데 너의 길이 지날 때
충분한 나의 은혜가 너의 공급이 되리라
불꽃이 너를 해하지 못할 것이라
너의 찌꺼기를 태워 버리고
너의 금을 연단하기로 계획하였느니라"

"나의 모든 백성이 노년에 이르기까지

나의 통치, 영원함, 그리고 변함없는 사랑을 증거하리라

그리고 그들의 흰머리가 머리를 덮을 때

그들은 여전히 어린 양처럼 나의 품속에 안기리라"

"예수님께 기대어 쉼을 얻는 영혼

나는 절대, 나는 절대 그를 원수 속에 내버려 두지 않으리라

모든 지옥이 그 영혼을 흔들려고 애쓸지라도

나는 결코, 결코, 결코 버리지 않으리라"

우리의 하나님은 자신이 하신 말씀에 거짓이 없으시며 말씀하신 것을 행하는 분이시다.

코다(끝맺음)

종종 고통스러운 고난에 처했을 때 처음 보이는 반응은 "왜 하필 나야? 왜 이런 일이 일어난 거지? 왜 지금? 도대체 왜?"일 것이다. 이제 당신은 "얼마나 견고한 토대인가"를 통해 하나님이 말씀하시는 진리를 들었다. 실존하시는 하나님은 이 모든 놀라운 일을 말씀하시고 그 말씀대로 모든 일을 행하신다. 당신을 위해 그리스도로 성육신하셔서 당신을 대신하여 고난 속으로 들어가신다. 거리를 두고 조언을 던지거나 문제 해결 관점으로 접근하지 않으시고 당신이 겪고 있는 심각한 고난 가운데로 들어가신다. 이 모든 과정 속에서 하나님은 당신을 끝까지 돌보시고 당신과 함께 일하신다. 가장 어려운 상황 속에서도 하나님은 당신을 안고 가실 것이다. 이러한 현실은 당신의 마음에 올라오는 질문을 바꾸게 할 것이다. 내면을 향해 "왜 하필 나야?"라고 던지는 질문은 잠잠해지고 눈을 들어 주위를 둘러보기 시작한다.

당신은 이제 외부로 시선을 돌려 새롭고 놀라운 질문을 던지게 된다. "왜 당신이죠? 왜 생명의 주님이신 당신이 오신 건가요? 왜 이 악한 세상 속으로 들어오려 하시나요? 왜 이런 상실, 나약함, 고난, 슬픔, 죽음을 통과하려 하시나요? 이 모든 사람 중 하필 왜 저를 위해 이렇게 하시나요? 하지만 당신은 이 모든 것을 당신 앞에 놓인 기쁨을 위해 행하셨습니다. 당신의 사랑을 위해 그렇게 하셨지요. 예수 그리스도의 얼굴에 비추는 하나님의 영광을 드러내기 위해 이렇게 행하셨습니다."

이렇게 더 심오한 질문이 자리 잡으면 당신은 기쁘게 정상으로 돌아간다. 온 세상이 더 이상 당신을 중심으로 돌아가지 않는다. 그렇다고 당신이 세상과 무관하다는 말이 아니다. 하나님의 이야기 속에서 당신은 너무 크지도 작지도 않은 딱 적절한 비중을 맡게 된다. 모든 일이 의미가 있고 모든 사람이 중요하지만 훨씬 더 납득이 되는 스케일로 바뀐다. 당신은 어려움을 겪지만 이미 빼앗길 수 없는 훨씬 더 좋은 것을 받았다. 그리고 그 좋은 것은 이 여정이 끝날 때까지 계속해서 역사할 것이다.

왜 당신인지 궁금한가? 이 질문은 진심 어린 반응을 불러일으킨다. "내 영혼아 주님을 송축하라. 너의 모든 죄악을 사하시고 모든 질병을 낫게 하시며 구덩이에서 너를 구원하여 내시고 인자하심과 긍휼로 너에게 관을 씌우시며 좋은 것으로 너를 꾸미시며 만족하게 하셔서 너의 젊음을 독수리와 같이 회복되게 하시는 그분의 선한 행적을 잊지 말라. 나의 아버지, 감사합니다." 모든 악이 횡행하는 가운데에서도 당신이 감사의 말을 진실된 목소리로 담아낼 수 있는 것은 모든 죄와 고난이 그분의 인자하심 아래에 속하기 때문이다.

마지막으로 당신은 상상도 하지 못했던 질문을 제기할 준비가 되어 있을 것이다. "왜 나는 안 되겠는가? 왜 이것은 안 되겠는가? 왜 지금은 안 되겠는가?" 만약 어떤 면에서 당신의 믿음이 깜깜한 세상을 비추는 3와트짜리 불빛이라고 할지라도 **왜 나는 안 되겠는가?** 당신의 고난이 세상에 구세주를 나타낼 수 있다면 **왜 나는 안 되겠는가?** 당신이 그리스도의 고난을 채울 수 있는 특권을 가지고 있다면? 그분이 당신의 가장 깊은 괴로움을 정결하게 하신다면? 당신이 악을 두려워하지 않는다면? 그분이 당신을 그분의 팔에 안으신다면? 당신의 약함이 모든 잘못된 것으로부터 우리를 구하시는 하나님의 능력을 입증할 수 있다면? 당신의 솔직한 씨름을 통해 다른 이들이 어떻게 두 발로 안전하게 디딜 수 있는지 알 수 있게 된다면? 당신의 삶이 다른 이들을 위한 소망의 원천이 된다면? **왜 나는 안 되겠는가?**

물론 고난받고 싶은 사람은 없겠지만 "만일 할 만하시거든 이 잔을 내게서 지나가게 하옵소서 그러나 나의 원대로 마시옵고 아버지의 원대로 하옵소서"(마 26:39)라고 말씀하신 당신의 구세주와 같이 당신도 자원하는 마음을 가질 수 있다. 그분과 같이 당신의 애절한 울음소리와 눈물이 죽음으로부터 구원하시는 그분께 닿을 것이다. 그분과 같이 당신이 겪는 고난을 통해 순종을 배우게 될 것이다. 그분과 같이 다른 이들의 약함을 공감해 줄 수 있을 것이다. 그분과 같이 무지하고 고집스러운 사람을 부드럽게 다룰 수 있게 될 것이다. 그분과 같이 믿음 없는 세상에 믿음을,

소망 없는 세상에 소망을, 사랑 없는 세상에 사랑을, 죽어가는 세상에 생명을 부여하게 될 것이다. 하나님이 약속하신 모든 것이 실제로 이루어진다면, **왜 나는 안 되겠는가?**

주

서론

1. C. S. Lewis, *The Problem of Pain* (1940; repr., San Francisco: Harper-SanFrancisco, 2001), 91. (「고통의 문제」, 홍성사, 2018)
2. 이 책은 John Piper와 Justin Talyor가 편집한 *Suffering and the Sovereignty of God* (Weaton, IL: Crossway, 2006), 145-73에 실린 David Pawlison의 "God's Grace and Your Sufferings"을 토대로 쓰였다.

2장 얼마나 견고한 토대인가

1. 이 가사는 좀 더 최신 언어로 업데이트 된 것으로 *Trinity Hymnal*, rev. ed. (Philadelphia: Great Commission Publication, 1990), no. 94. (The *Trinity Hymnal* credits Roppon's *Selection of Hymns*, 1787; alt.)에 실려 있다. 잘 알려진 몇몇의 곡조에 붙여 부를 수 있다. 내가 제일 좋아하는 곡조는 *Adeste Fideles* ("참 반가운 성도여"의 곡조이기도 하다)인데 각 절의 마지막 가사를 두 번 반복해서 부른다.
2. 아일랜드 전통 찬송가, 6세기 혹은 8세기 경, Eleanor Hull 번역, 1912.
3. John Newton, 1779.
4. John Francis Wade에게 헌정, Frederick Oakeley 번역, 1841.
5. Katherina von Schlegel, 1752, John Borthwick 번역, 1855.
6. Charles Wesley, 1742.
7. J. Wilbur Chapman, 1910.
8. Dan McCartney, *Why Does It Have to Hurt? The Meaning of Christian Suffering* (Phillipsburg, NJ: P&R, 1998). (「고통 속에서 하나님을 만나다」, P&R(개혁주의신학사), 2013)

4장 내가 너와 함께 있다

1. J. I. Packer, Packer와 Mark Dever 중에서 *In My Place Condemned He Stood: Celebrating the Glory of the Atonement*) (Wheaton, IL: Crossway, 2007), 113.

6장 내 사랑의 목적은 너를 변화시키는 것임이라

1. C. S. Lewis, *The Four Loves* (London: Harcourt Brace, 1991), 3. (「네 가지 사랑」, 홍성사, 2019)

2. 사람들은 대체로 참회의 시편(예: 시편 32, 38, 51편)을 이 주제와 연관시킨다. 하지만 시편 119편은 이중적 의식이 자리 잡고 있음을 가장 생생하게 포착한다. 다음을 참고하라. "Suffering and Psalm 119," in David Powlison, *Speaking Truth in Love* (Greensboro, NC: New Growth, 2005), 11-31. 시편 25장과 로마서 6-8장은 하나님 편에서 씨름하는 거룩한 양가감정으로 가득 차 있다.

8장 나는 절대 너를 버리지 않으리라

1. 신 31:6, 8; 수 1:5; 대상 28:20 참고

고통의 길에서 은혜를 만나다

1판 1쇄 인쇄 2023년 2월 10일
1판 1쇄 발행 2023년 2월 15일

지은이	데이비드 폴리슨
옮긴이	권명지
발행인	조애신
편집	이소연
디자인	임은미
마케팅	전필영, 권희정
경영지원	전두표

발행처	도서출판 토기장이
주소	서울시 마포구 동교로 71-1 신광빌딩 2F
출판등록	1998년 5월 29일 제1998-000070호
전화	02-3143-0400
팩스	0505-300-0646
이메일	tletter77@naver.com
인스타그램	togijangi_books_

ISBN   978-89-7782-489-8

- 이 책은 저작권 법에 따라 보호를 받는 저작물이므로 무단 전재와 무단 복제를 금합니다.
- 이 책의 전부 또는 일부를 이용하려면 반드시 저자와 도서출판 토기장이의 동의를 받아야 합니다.
- 이 책의 본문 중 일부는 을유1945 서체를 사용했습니다.

도서출판 토기장이는 생명 있는 책만 만듭니다.
"우리는 진흙이요 주는 토기장이시니 우리는 다 주의 손으로 지으신 것이니이다" (이사야 64:8)